David Schäfer [Hrsg.] · Die jungen Wilden

David Schäfer [Hrsg.]

die jungen WILDEN

Storys über Jugendkirchen, Emerging Churches und Gemeindegründer

scm R.Brockhaus

Bitelzitate, soweit nicht anders angegeben, wurden der Gute Nachricht Bibel (revidierte Fassung der „Bibel in heutigem Deutsch", durchgesehene Ausgabe in neuer Rechtschreibung) entnommen. © 2000 Deutsche Bibelgesellschaft, Stuttgart

Umschlaggestaltung und Satz: Johannes Schermuly, Witten
Druck: Finidr s.r.o., Tschechien
ISBN-10: 3-417-21070-4
ISBN-13: 978-3-417-21070-5
Bestell-Nr.: 221070

Inhalt

Was dieses Buch will ...

Dies ist ein Buch voller Geschichten. Geschichten von jungen Gemeinden und ihren Gründern. Geschichten darüber, wie Gott jeden Einzelnen von ihnen dazu gebraucht hat, etwas Neues zu beginnen, Gemeinde neu zu denken und dann neue Wege zu gehen und Gemeinde zu gründen.

Einige dieser Gründer erzählen auf den folgenden Seiten ihre Geschichte.[1] Natürlich sind diese Geschichten sehr unterschiedlich, und manchmal widersprechen sich die Autoren sogar. Diese bunte Mischung ist völlig beabsichtigt: Gott schreibt mit jedem von uns seine Geschichte, auf ganz individuelle Art und Weise.

[1] Frauen mögen mir verzeihen, wenn ich zur sprachlichen Vereinfachung nur die männliche Form benutze.

... und was nicht!

Dieses Buch will nicht erklären, wie junge Erwachsene heute sind. Es will auch nicht die Postmoderne erläutern oder beschreiben, was sich im Vergleich zu früher verändert hat. Unsere Generation wurde schon intensiv analysiert, seziert und unters Mikroskop gelegt. Wir bekamen Namen verpasst, und ob es nun „Generation X" von Douglas Coupland war oder „Generation Golf" von Florian Illies, neben vielen anderen Büchern und Artikeln wurde immer wieder versucht, zu beschreiben, wie unsere Generation tickt und warum sie so tickt, wie sie tickt. Darum geht es in diesem Buch *nicht.* Wir leben in der Postmoderne; die Autoren dieses Buches sind Teil dieser Zeit und dieser Generation. Sie erzählen, wie sie versuchen, mit Menschen dieser Generation Gemeinde zu bauen. Ich bin Gott dankbar, dass sich in Deutschland inzwischen viel mehr tut als noch vor zehn Jahren: In letzter Zeit sind viele neue Gemeinden entstanden. Und gerade weil sich so viel tut, zeigt dieses Buch mit seinen unterschiedlichen Geschichten nur einen Ausschnitt von dem, was in unserem Land passiert.

Mein Wunsch ist, dass diese Geschichten inspirieren und ermutigen. Dass sie herausfordern, selbst Neues zu wagen und sich auf die Entdeckungsreise zu begeben, wie Kirche, wie Gemeinde heute aussehen kann – und soll, damit noch viele Menschen (ob nun von der Postmoderne geprägt, von der Moderne oder wie auch immer) Jesus kennen lernen können und anfangen, ihm zu folgen.

Man muss dieses Buch nicht von vorne bis hinten lesen. Man kann genauso an irgendeiner Stelle, bei der einen oder anderen Geschichte, einsteigen. Über manches wird man sich vermutlich ärgern – weil man es ganz anders sieht oder auch weil es sehr zugespitzt formuliert ist. Doch genau darin sind sich viele Gründerpersönlichkeiten ähnlich: Sie sind von etwas überzeugt und vertreten das deutlich. Das gilt für mich genauso wie für die anderen, die ein Kapitel zu diesem Buch beigesteuert haben. Auch mein Weg zu diesem Buch ist übrigens eine Geschichte.

Zunächst möchte ich aber versuchen, die Ausgangslage in unserem Land zu beschreiben: Wo liegt eigentlich das Problem in Bezug auf diese Generation? Und was geschieht daraufhin?

Kapitel 1

Basis
Wo liegt das Problem?

→

Wo liegt das Problem?

Ein Freund von mir zog vor einiger Zeit in eine Großstadt, in der ich selbst länger gelebt habe. Er schickte mir eine E-Mail und fragte mich nach einem Tipp in Sachen Gemeinde. Ich sah mir seine E-Mail längere Zeit an und dachte nach. Schließlich fiel mir eine Gemeinde ein, bei der ich mir halbwegs vorstellen konnte, dass er dort ein neues geistliches Zuhause finden könnte. Aber ich hatte auch ernsthafte Zweifel – dabei war das eine wirklich missionarische Gemeinde, die andere Gemeinden gründete und mehr und mehr auch ihre soziale Verantwortung ernst nahm. Obwohl es in dieser Stadt viele Gemeinden gab, hätte ich bei vielen von ihnen von Anfang an schwarz gesehen.

Bei ihm hat es glücklicherweise geklappt, mein Freund hat eine Gemeinde gefunden. Es war zwar nicht die, die ich ihm vorgeschlagen hatte, sondern eine Neugründung mit überwiegend jungen Leuten, die ich selbst noch gar nicht kannte. Aber das passt ja zu unserem Thema.

Wo sind die Paarundzwanzigjährigen?

Bei vielen anderen jungen Erwachsenen in Deutschland klappt es leider nicht. Oft höre ich, dass Leute zum Studienstart in eine andere Stadt ziehen, dort auf Gemeindesuche gehen und nach einiger Zeit frustriert sind, weil sie kaum eine Gemeinde finden, die sowohl missionarisch und von einer klaren Vision beseelt ist als auch Christen in ihrem Alter beheimatet. Es scheint fast so, als wären junge Christen ab zwanzig einfach weggebeamt worden ...

Wo sind die Paarundzwanzigjährigen in Deutschlands Gemeinden? Einige von ihnen haben vielleicht eine Nische in der Teenarbeit ihrer Gemeinde gefunden; dort gibt es meist gewisse Freiräume. „Das sind ja schließlich junge Leute", sagt ein älterer Bruder und meint damit eigentlich: „Die werden ja auch mal erwachsen und dann so wie wir." Ernsthaft motivierte junge Erwachsene aber, die ihre eigene Generation erreichen wollen und dies auch in die Tat umsetzen, findet man selten. Als Teenager war alles noch anders. Da ist man eben Teen und geht brav in den Sonntagsgottesdienst. Zum einen, weil die Eltern gehen, zum anderen vielleicht, weil die Freunde gehen. Solange die Teengruppe fit ist und der Gottesdienst nicht völlig antiquiert, läuft alles einigermaßen. Sobald man aber die zwanzig passiert hat, ist man damit irgendwie nicht mehr zufrieden, will man mehr als nur zur Gemeinde gehen – man will Gemeinde *sein*.

Die Vision der ersten Christen

Die ersten Christen hatten eine Mission und die haben sie umgesetzt: Sie wollten Menschen für Jesus gewinnen und sie zu Jüngern machen. Dafür haben sie ihr letztes Hemd gegeben, ihr Leben voll Vertrauen für Jesus eingesetzt. Mann, klingt die Apostelgeschichte spannend! Ich wäre unglaublich gerne dabei gewesen. Auch heute noch träumen junge Erwachsene davon, Teil einer solchen Truppe zu sein. Aber oftmals finden sie keinen Ort, wo sie sich dafür einsetzen können. In traditionellen Gemeinden beißen sich die wenigen jungen Erwachsenen, die nicht von vornherein resigniert haben und längst wegbleiben, an deren Veränderungsresistenz die Zähne aus. Manche Gemeinden wollen sich gar nicht verändern. Die

Folge: Junge Erwachsene sieht man in traditionellen Gemeinden immer weniger. Das bedeutet aber nicht, dass man junge Erwachsene in moderneren Gemeinden in Scharen erspähen würde. Auch hier macht sich die Spezies rar. Je nach Alter gibt es zwei Arten von Gemeinden: In den relativ jungen Gemeinden sieht man viele junge Familien in den Dreißigern, aber keine oder sehr wenige Twens. In den schon etwas älteren, aber immer noch relativ jungen Gemeinden sind die jüngeren Leute mittlerweile Mitte vierzig und älter und die jungen Erwachsenen einfach nicht im Blick. Und so geschieht, was ich in den letzten Jahren immer mehr erlebt habe: Junge Erwachsene sind von der Gemeinde, die sie erleben, frustriert. Wenn dann in ihrer Gegend jemand eine neue Gemeinde gründet, keimt die Hoffnung wieder auf, Teil eines Projektes zu sein, wo Jesus hier und heute mit ihnen Gemeinde baut.

Anfang der 90er Jahre begannen die *Jesus Freaks,* Gemeinden zu gründen. Auf dem Christival in Dresden 1996 gehörten die Gottesdienste der Freaks zu den am stärksten besuchten Veranstaltungen. Die Räume waren übervoll, man konnte den Hunger der jungen Leute spüren, ihrem Glauben authentisch Ausdruck zu verleihen. Sah man bei der ersten Freaks-Gemeinde in Hamburg noch eine bestimmte Szene, gibt es heutzutage viele Freaks-Gemeinden mit unterschiedlichen Prägungen: Man muss kein Freak mehr sein, um zu den Jesus Freaks zu gehören.

Im Mai 2006 feiert *icf* (international christian fellowship) ihr zehnjähriges Jubiläum. Nicht nur in der Schweiz, sondern auch in Deutschland sind in den letzten Jahren viele icf-Gründungen aus dem Boden gesprossen. Eine Reihe meiner Freunde und Bekannten haben ihr geistliches Zuhause inzwischen in einer icf-Gemeinde gefunden. Viele von ihnen waren vorher Mitglieder in einer freikirchlichen Gemeinde (evangelisch-freikirchlich, frei evangelisch etc.). „Endlich muss man sich nicht mehr mit den Blockaden in der Gemeinde herumärgern, sondern kann Gemeinde aktiv mitgestalten!"

Aber nicht nur im freikirchlichen Bereich gibt es junge Gemeindebewegungen, auch in den Landeskirchen wurden inzwischen verschiedene Projekte gestartet. Ich bin gespannt, inwiefern dies die kirchliche Landschaft innerhalb der Landeskirchen prägen wird.

Junge Gemeinden – ein Überblick

Ich will zunächst einen Überblick geben über die jungen Gemeinden und ihre Formen. Immer wieder ist die Rede von „Jugendkirchen", „Jugendgemeinden" oder neuerdings auch von „Emerging Churches", um Gemeindegründungen dieser Art zu beschreiben. Ich halte den Begriff „Jugendkirche" oder „Jugendgemeinde" aus zwei Gründen für nicht glücklich. Zum einen, weil der Begriff selbst schon Protest hervorruft: „Gemeinden sind doch für mehr als eine Generation da!" Zum anderen, weil es nicht mit dem übereinstimmt, was diese Gemeinden auszeichnet. Viele von ihnen würden sich dagegen wehren, als „Jugendkirche" bezeichnet zu werden. Auch wenn sich solche Gemeinden zwar meist darauf konzentrieren, junge Menschen für Jesus zu gewinnen, bedeutet dies nicht, dass andere von vornherein ausgeschlossen würden: Tatsächlich finden sich in diesen Gemeinden oft auch Vertreter anderer Generationen. Darüber hinaus werden die Gründungsmitglieder mit der Zeit selbst älter, und so entwickelt sich erfahrungsgemäß eine zunächst altersmäßig fast homogene Gemeinde zu einer Gemeinde mit mehreren Generationen. Spätestens dann passt der Begriff „Jugendgemeinde" nicht mehr.

Manchmal ist auch die Rede von „Gemeinde innerhalb der Jugendkultur", um zu beschreiben, dass diese Gemeinde sich in eine bestimmte Kultur gesandt sieht, aber nicht nur aus Vertretern dieser Kultur oder Generation besteht.

Das Stichwort „Emerging Church" schwappte aus dem englischsprachigen Bereich zu uns hinüber. Die Schwierigkeit an dem Begriff „emerging" ist zum einen, dass er nichts anderes als „entstehend" oder „aufkommend" bedeutet und damit nicht viel über das Wesen der Gemeinden selbst aussagt, außer dass sie neu sind und eventuell anders. Irgendwann ist die Phase des Auftauchens dann aber ja abgeschlossen … Ein anderes Problem mit diesem Etikett ist, dass manche Wert darauf legen, nur solche jungen Gemeinden als „emerging" zu bezeichnen, die Gemeinde ganz anders verstehen wollen, als es unserem traditionellen Bild entspricht. So werden manche icf-Gründungen oder ähnliche Projekte hier und da fast abfällig als „Willow-Creek-Gemeinden – nur mit jüngerer Musik" – bezeichnet, die jedoch keineswegs „emerging" wären. Natürlich ist jegliche

Abfälligkeit grundsätzlich fehl am Platz. Dennoch merkt man, dass der Begriff „Emerging Church" nicht klar definiert ist.

Wie aber nennt man nun das Kind? Weil der Begriff „Jugendkirche" mittlerweile weit verbreitet ist, werde ich ihn für die Unterscheidung in diesem Kapitel dennoch gebrauchen, wenn auch im weiteren Sinne: Der Begriff „Jugend" wird hier in großer Weite verstanden. Er reicht von Teenagern bis hin zu denen, die man als junge Erwachsene bezeichnen würde. All diese Gemeindegründungsprojekte und -bewegungen verbindet das Anliegen, Gemeinde in der Kultur junger Menschen zu bauen. Im weiteren Verlauf dieses Buches tritt der Begriff Jugendkirche in den Hintergrund; hier mag er helfen.

Die freien Gründungen

Dies sind Gemeinden wie die Jesus Freaks oder icf, die unabhängig von bestehenden Gemeinden oder Denominationen gegründet wurden und nun zum Teil einem Zusammenschluss angehören.

Jugendkirchen als Tochtergemeinden

Hier gibt es sowohl zufällige als auch geplante Gründungen. Die „zufälligen" Gründungen sind meist aus regelmäßig stattfindenden Jugendgottesdiensten entstanden. Dort, wo ein Jugendgottesdienst alle drei Monate oder sogar monatlich angeboten wird – als Ergänzung zum Gesamtgottesdienst und als Event speziell für junge Leute –, entsteht oft ein Team von Mitarbeitern und regelmäßigen Besuchern. Irgendwann kommt fast von selbst der Wunsch nach „mehr" auf und es werden Hauskreise gebildet oder regelmäßige Veranstaltungen in einem kleineren Kreis begonnen. So kann aus Jugendgottesdiensten eine Jugendkirche entstehen. Ob sie offiziell so genannt werden, spielt hier keine Rolle: Es sind lebendige Gemeinden mit einer eigenen Identität. Ein Beispiel hierfür ist die *Jesus.Happening_Bewegung* innerhalb der Evangelisch-Freikirchlichen Gemeinde Mettmann. (Mehr dazu in unserer Talkrunde in Kapitel 10.)

Strategisch geplante Gründungen entstehen aus einer bewussten Entscheidung heraus, eine Jugendkirche innerhalb einer Gemeinde oder besser: unter ihrem Dach zu gründen. Die *Tragwerk-Jugendgemeinde* in Berlin hat zum Beispiel eigene Gottesdienste, eigene Kleingruppen, eigene Älteste, einen eigenen Haushalt, ist also relativ eigenständig. Dennoch ist sie verwoben mit ihrer Muttergemeinde, der Christusgemeinde. Interessant ist dort auch der Ansatz, eine Jugendgemeinde im eigentlichen Wortsinn zu bleiben: Älter gewordene Älteste treten zurück und übergeben die Verantwortung Jüngeren, stehen höchstens noch beratend als Coach zur Verfügung.

Jugendkirchen als Jugendarbeit innerhalb freikirchlicher Gemeinden

Mit den Jugendkirchen der Christusgemeinde Mülheim sowie der Christus-Gemeinde Wuppertal sind mir zwei Beispiele von Jugendkirchen begegnet, die ich eher als Jugendarbeit mit starker eigener Identität beschreiben würde. Beide Gemeinden haben bewusst Jugendkirchen innerhalb der eigenen Gemeinde gegründet, um primär Teenager anzusprechen. Das Ziel ist hier aber nicht die Eigenständigkeit, sondern die Integration in die Gemeinde. Der Begriff Jugendkirche ist hier also recht weit gefasst: Es handelt sich um ein Angebot unter dieser Überschrift, das es andernorts als Teenager- oder Jugendarbeit mit eigenem Profil gibt. (Vertreter beider Gemeinden haben ebenfalls an der Talkrunde in Kapitel 10 teilgenommen.)

Jugendkirchen als Jugendarbeit innerhalb der Landeskirchen

Bei diesem Ansatz wird ein Kirchengebäude der katholischen bzw. evangelischen Kirche als Jugendkirche deklariert. Ein Beispiel hierfür wäre die katholische Jugendkirche Tabgha in Oberhausen. Die Räume werden einem Team anvertraut, das darin dann kirchliche Jugendarbeit gestaltet. Die erstreckt sich von sehr freien Angeboten wie Hausaufgabenhilfe, Musik-, Sport- oder Tanzevents bis hin zu Gottesdiensten, die regelmäßig von Jugendlichen verantwortet werden. Auffallend ist bei diesem Modell, dass es hier nicht darum geht, Gemeinde zu bauen, sondern kirchliche Räume speziell für Angebote für Jugendliche zur Verfügung zu stellen. Dies wird vor allem daran deutlich, dass es zumindest bisher kein wirkliches Konzept dafür gibt, was mit jungen Erwachsenen geschieht, die aus der Zielgruppe herauswachsen.

Die Jugendkirche Stuttgart, die Teil des Jugendkirchenprojektes inner[illegible] württembergischen Landeskirche ist, ist ähnlich aufgestellt. Allerdings gibt [illegible] nerhalb dieser Jugendkirche unter anderem auch eine wirkliche Jugendgemein[illegible] de, den Jesustreff.

Jugendkirchen als Gemeinden innerhalb der Landeskirchen

Auch die MOC-Jugendgemeinde in Leonberg ist Teil des Projekts Jugendkirche in Württemberg. Ausgehend von regelmäßigen Jugendgottesdiensten mit dem Namen „Change" gibt es jetzt mit „More of Change" eine Jugendgemeinde, die sich auch als personale Gemeinde versteht. Solche Gemeinden sind relativ vergleichbar mit Gründungen im freikirchlichen Kontext, leben allerdings noch mit der Herausforderung, dass das parochiale System innerhalb der Landeskirchen (die Struktur in Form von lokalen Gemeinden, Kirchenbezirken etc.) bisher keine netzwerkartigen Gemeinden vorsieht. Das auf drei Jahre angelegte Projekt Jugendkirche in Württemberg befindet sich zum Zeitpunkt der Veröffentlichung dieses Buches im letzten Jahr, so dass nun die Weichen für den weiteren Verlauf dieser Gemeinden gestellt werden. (Mehr dazu gibt es in Kapitel 9 von der Projektleiterin Anne Winter selbst.)

Emerging Churches

Auch wenn viele junge neue Gemeinden mittlerweile als Emerging Churches bezeichnet werden, meine ich in diesem Zusammenhang ausschließlich die, die Gemeinde deutlich anders leben bzw. verstehen als bisher. Zum einen wären hier die neuen monastischen, also klösterlichen Bewegungen zu nennen. Hier wird ein Raum, ein Haus, ein Café zum geistlichen „Hub" einer Gemeinschaft, wo man sich einklinken kann und innerhalb der Woche gemeinsam in einem geistlichen Rhythmus lebt. Beispiele hierfür sind die *Boiler Rooms* in der 24-7-Bewegung (siehe Kapitel 5) oder Kubik in Karlsruhe, die diesen geistlichen Rhythmus in ihrem Café umzusetzen versuchen.

Kubik ist zugleich ein gutes Beispiel für eine Gemeinde, die neue Wege in der Art der Gottesdienstgestaltung geht. „Alternative Worship" ist hier der zentrale Begriff, den ich auch selbst erst neu füllen lernen musste. Gemeint ist hier nämlich nicht Worship-Musik im „Alternative"- oder „Modern-Rock"-Stil, sondern eine Art, Gott mit künstlerischen Formen zu begegnen. Einen guten Eindruck, wie man sich das vorstellen kann, bekommt man, wenn man Marks Gedanken in Kapitel 8 liest.

Eine weitere Untergruppe innerhalb der Emerging Churches sind organische Gemeinden. „Glauben dort wachsen lassen, wo das Leben stattfindet" ist der Untertitel zu dem sehr empfehlenswerten Buch „Organic Church"[2] von Neil Cole. Der Ansatz, Gemeinde organisch zu leben, heißt Leben und Gemeinde kaum voneinander zu trennen, sprich: eine Gemeinschaft von Jüngern zu sein, die die Mission Jesu gemeinsam umsetzen. Organische Gemeinden kommen in der Regel komplett ohne Gebäude aus und treffen sich dort, wo das Leben gelebt wird: zu Hause, in Cafés, beim Sport, am Arbeitsplatz. Gottesdienste finden ebenfalls an solchen Orten statt, daher sind für organische Formen auch die Begriffe *Hausgemeinden* oder *Simple Churches* gebräuchlich. (Mehr dazu in den Kapiteln 3 und 4.)

Dies sind die unterschiedlichen Formen von Jugendkirchen, die ich aktuell in Deutschland sehe. Es gibt sicherlich an vielen Orten Mischformen, und manche Gemeinden befinden sich zwischen zwei Stadien. Es würde mich auch nicht überraschen, wenn es noch ganz andere junge Gemeindeformen gibt. Gott sei Dank, tut sich eine ganze Menge! Alle aber verbindet das Anliegen, Gemeinde mit und für junge Menschen zu sein.

[2] Bisher leider nur auf Englisch erschienen: Neil Cole, Organic Church: Growing Faith Where Life Happens, Jossey-Bass, Hoboken, NJ 2005

Kapitel 2

Basis

Meine eigene Geschichte

→

Meine eigene Geschichte

Aufgewachsen bin ich in zwei Welten. Kurz vor meiner Einschulung zog ich mit meinen Eltern von Krefeld nach Essen. Angekommen in dem kleinen Vorortstadtteil, besuchten meine Eltern mit mir die Baptistengemeinde vor Ort: Durchschnittsalter über sechzig, nicht ganz passend für meine Eltern, Anfang dreißig. Meine Eltern entschlossen sich, weiterhin unsere Heimatgemeinde in Krefeld zu besuchen. Und so wuchs ich in zwei Welten auf: sonntags in der christlichen Welt mit Freunden und Familie, den Rest der Woche mit meinen Freunden in der Schule, von denen kein einziger Christ war. In beiden Welten habe ich mich wohl gefühlt, empfand mich aber immer als eine Art Grenzgänger. Die fromme Welt war mir manchmal zu brav, und die „weltliche" Welt war mir manchmal zu weltlich.

Als ich fünfzehn war, packte mich eine Karfreitagspredigt so sehr, dass ich im Gottesdienst Rotz und Wasser heulte. Zu meiner Taufe kamen dann meine Schulfreunde mit zum Gottesdienst – zum ersten und auch zum letzten Mal. Ich erlebte immer wieder, dass diese beiden Welten scheinbar nicht zusammenpassten. Es waren zwei völlig verschiedene Kulturen; dabei hat es die Kirchenkultur meinen Freunden leicht gemacht, kein wirkliches Interesse für Gott zu entwickeln.

Bei allen Gesprächen über Gott endete ich immer wieder dort, dass ich mir nie vorstellen konnte, dass meine Freunde einmal ihr geistliches Zuhause in meiner Gemeinde finden könnten. Ob es im Rahmen einer evangelistischen Arno-Backhaus-Aktion in der Essener Innenstadt war oder während einer Jugendwoche mit dem Teemobil von Jugend für Christus – unsere missionarischen Bemühungen mündeten meist in einen speziell gestalteten Jugendabend. Der war mit viel Mühe gestaltet und dadurch gut, der Gemeindealltag anschließend war, verglichen damit, aber eher trist und langweilig: Jugendabend mit Dolby Surround Sound, der Gemeindegottesdienst dann in Röhrenradioqualität ...

Die Sehnsucht blieb, junge Leute in meinem Alter zu erreichen. Gemeinsam mit einem Freund startete ich 1992 die erste christliche deutschsprachige Hip-Hop-Band, die *RhythmusBanditen.* Vor unserem ersten Konzert wurden in einer Nacht- und Nebel-Aktion Plakate geklebt – dort, wo andere auch plakatierten.

Auf unserer „Is Gut"-Tour kamen wir auch nach Lübeck. („Tour" klingt gut: Es war aber das erste von damals zwei fest gebuchten Konzerten ...) Dieses Konzert war im Vorfeld geistlich sehr umkämpft, doch dann kamen etwa 100 Leute aus der Lübecker Hip-Hop-Szene. Anschließend gab es gute Gespräche, nachts musste noch das Kirchenklo gestrichen werden, weil „der Zar" sein Graffiti hinterlassen hatte. In den gewöhnlichen Gottesdienst der Veranstalter-Gemeinde verirrte sich danach niemand. Es blieb wohl ihr letztes Konzert dieser Art ...

Das Muster war überall dasselbe: Events auf die Jugendkultur abgestimmt, der Gemeindealltag Welten davon entfernt.

Doch dann kam der 1. Juni 1996, an dem sich für mich viel änderte. Ich fuhr zum *Eternal Rave* nach Berlin. Motivierte Christen veranstalteten in einem alten Kirchengebäude einen christlichen Rave. Letztlich war auch das wieder eine gut gemachte evangelistische Aktion ohne die entsprechende Gemeindewirklichkeit dahinter. Doch ich traf dort junge Christen aus Bristol, die in ihrer Heimat nicht nur einzelne Events, sondern ganze Gemeinden in diesem Stil entwickelten. Ein Gedanke, der mir bis dahin völlig fremd gewesen war. Später besuchte ich dann *World Wide Message Tribe* in Manchester, die dort regelmäßig *Dance*-Gottesdienste anboten.[3]

Der Gedanke faszinierte mich, nicht nur einzelne kulturell stimmige Events anzubieten, sondern Gemeinde komplett innerhalb dieser jungen Generation zu gründen. Ich fragte mich mehr und mehr, wie eine einheimische Kirche für meine Generation aussehen könnte. Meine Reise hatte jedenfalls ein konkretes Ziel bekommen: Die zwei Welten in meinem Leben sollten endlich zueinander finden.

Der Weg zur church within a church

Von Sommer 1998 bis Ende 1999 studierten meine Frau und ich an einem theologischen Seminar in der San Francisco Bay Area in Kalifornien. Während dieser Zeit sprach ich mit einem Pastor, der kurz zuvor eine der größten Gemeinden der USA verlassen hatte; er hatte dort den Arbeitszweig für junge Erwachsene aufgebaut. Auf einem Spaziergang durch die Straßen von San Francisco fragte ich ihn, was er mir empfehlen würde: eine neue Gemeinde zu gründen oder eine church within a church, also eine Gemeinde innerhalb einer Gemeinde. Er ant-

[3] Mehr Infos zu ihren aktuellen Eden-Projekten gibt es unter: www.message.org.uk

wortete: „Da bin ich zurzeit wahrscheinlich der Falsche, den du fragen solltest." Schließlich kam er gerade aus einer Situation, in der er versucht hatte, Gemeinde innerhalb einer bestehenden Gemeinde zu bauen. Er beschrieb es so: „Wenn du komplett neu startest, hast du eine weiße Leinwand vor dir und kannst drauflosmalen. Wenn du innerhalb einer bestehenden Gemeinde anfängst, dann sind auf der Leinwand schon Teile bemalt. Die Kunst besteht dann darin, etwas auf die noch freien Flächen zu malen, was sich in das Gesamtbild einfügt. Du kannst dabei aber nicht mehr all das malen, was du möchtest." Er selbst hatte jemand anderem den „Pinsel" für diese schwierige Aufgabe übergeben.

Ich entschied mich im Anschluss an mein Studium dafür, zu versuchen, eine Gemeinde innerhalb einer Gemeinde ins Leben zu rufen. Meine Frau und ich fingen im Herbst 2000 als Pastoren für junge Gemeinde in einer Baptistengemeinde in Essen an. Mein Schwerpunkt sollten die jungen Erwachsenen sein, die bis dahin eher vernachlässigt worden waren. Also sammelte ich motivierte junge Erwachsene und fragte sie nach ihren Wünschen in Bezug auf Gemeinde. Heraus kam ein ziemlich einstimmiges Bild: Sie wünschten sich einen Ort, wo Gemeinschaft gepflegt und eine geistliche Dynamik erlebt werden konnte. Einen Ort, an dem man geistlich wachsen und wo andere zum Glauben kommen und sich ebenso entwickeln konnten.

Wir stellten ein Team zusammen und kurze Zeit später starteten wir sonntagabends einen wöchentlichen Gottesdienst für junge Erwachsene. „Flanders" war geboren. Ja, richtig: benannt nach Ned Flanders, dem frommen Nachbarn der Simpsons, über den sich alle lustig machen. Wir dachten uns: Wir können auch über uns selbst lachen. Der Flanders-Abend war ein Gottesdienst, wie man ihn mittlerweile häufiger sieht: lockere Atmosphäre an Café-Tischen, kreative Beiträge des Theater-Teams, Videoclips, nette Dekoration und eine primär auf Suchende ausgerichtete Predigt. Anschließend konnte man den Abend noch in netter Gemeinschaft verbringen und „chillen". Wir erlebten viel Gutes, lernten viel miteinander, übereinander, über Gott und was es bedeutet, Jesus zu folgen. Oft schauten junge Erwachsene bei uns vorbei, die gerade nach Essen gezogen waren und ein neues geistliches Zuhause suchten. Die meisten von ihnen fanden es entweder bei uns oder einer von zwei anderen jungen Gemeinden in Essen.

Aber unsere Geschichte ist keine Erfolgsgeschichte à la „Wir fingen mit einer Hand voll Leute an und mittlerweile sind wir mehrere Hundert!": Nach knapp vier Jahren wurde Flanders Ende 2004 beerdigt.

Was dann geschah

Je länger es Flanders gab und je stärker sich eine eigene Identität entwickelt hatte, umso mehr machte sich in der Gesamtgemeinde Unverständnis breit: „Wieso sieht man die jungen Erwachsenen denn so selten im Gottesdienst am Sonntagmorgen?" Dahinter steckte häufig das Denken, dass sich die „echte" Gemeinde am Sonntagmorgen im Hauptgottesdienst versammelte. Und da fehlten viele der jungen Erwachsenen, die zu Flanders gehörten.

Zum Beispiel Simone, die im Zusammenhang mit Flanders von einer Namenskatholikin zu einer hingegebenen Jüngerin geworden ist, die für Jesus Gas gibt. Eines Tages wollte sie sich taufen lassen und fragte mich, wo die Taufe denn stattfände. Ich antwortete wie selbstverständlich: „Na, im Sonntagmorgengottesdienst", worauf sie entgegnete: „Da war ich ja noch nie." Sie hatte sicher einen eineinhalbjährigen geistlichen Prozess hinter sich. Und ihre Gemeinde war für sie ganz eindeutig Flanders.

Wir betrachteten Flanders immer als eine eigenständige, aber nicht unabhängige Gemeinde mit einer eigenen Identität. Hätte das die Mehrheit unserer Gesamtgemeinde genauso gesehen, wäre es vielleicht gut gegangen. So aber erlebten wir mehr und mehr, dass diese eigene Identität von Flanders immer kritischer wahrgenommen wurde. Das machte das Arbeiten auf Dauer sehr anstrengend. Eine Mitarbeiterin im Flanders-Leitungsteam beschrieb es einmal so: „Ich habe das Gefühl, wir wollen weiter vorangehen, uns missionarisch weiterentwickeln, bekommen aber aus der Gesamtgemeinde Pfeile in den Rücken geschossen." Damit will ich nicht unsere Muttergemeinde in ein schlechtes Licht rücken, sondern ich beschreibe das so offen, um zu zeigen, wo bei diesem Ansatz Schwierigkeiten auftauchen können. Man sollte vorher sehr genau wissen, worauf man sich einlässt, wenn man so einen Weg gehen will.

Dieses Problem war aber nur einer von vielen Gründen für das Sterben von Flanders. Zwei Gründe, die wohl letztlich ebenso entscheidend für das Ende von Flanders waren: Zum einen merkten wir, dass vor lauter Teambesprechungen, Leitungskreisen, Vorbereitungstreffen und eben all dem, was zu einem regelmäßigen Gottesdienst-Event dazugehört – wir mussten aufbauen und abbauen, jemand musste das Essen einkaufen, die Technik bedienen, die Worship-Combo musste proben und spielen, die Theke musste besetzt sein, die Predigtreihen und -themen wollten vorbereitet sein, die Hauskreise wollten vorbereitet werden und, und, und –, uns nur noch wenig Zeit für etwas Entscheidendes blieb: nämlich Zeit mit denen zu verbringen, die wir erreichen wollten: junge Leute in unserem Alter, die Jesus noch nicht kennen. Denn allein ein nettes christliches Event zu starten, garantiert noch nicht, dass interessierte Nichtchristen in Scharen kommen. Wie sagte einer so treffend aus unserem Leitungsteam: „Wenn wir niemanden mitbringen, dann sitzt hier auch niemand." Und für Beziehungen blieb immer weniger Zeit. „Gemeinde" fraß unsere Zeit auf.

Ein weiteres Problem bemerkten wir bei den Leuten, die unsere Gottesdienste besuchten. Wenn wir unsere Gäste hinterher fragten, wie sie es denn fanden, antworteten sie oft: „Gut, nett! Besser, als ich mir das vorgestellt hatte." Auf eine Frage wie: „Und, kommst du nächste Woche wieder?", kamen dann aber eher ablehnende oder ausweichende Reaktionen bis hin zu: „Wieso? Ich gehe doch auch nicht jede Woche in dieselbe Kneipe." Die Leute waren offen, sich einzeln mit uns zu treffen, bei ihnen, bei uns zu Hause oder eben in einer Kneipe. Aber Interesse an einer regelmäßigen Veranstaltung, die man „Gottesdienst" nennt? Fehlanzeige!

Wir waren in eine Falle getappt, die in christlichen Kreisen scheinbar häufiger lauert: Wir gingen von uns aus. Wir dachten: Wenn wir einen Gottesdienst schaffen, der uns selbst gefällt, dann wird er sicher auch denen gefallen, die Jesus noch nicht kennen. Doch das war offensichtlich nicht der Fall. Oft ist es ein Problem, dass viele Christen kaum Beziehungen zu Menschen haben, die Jesus noch nicht kennen. Aus dieser Situation heraus von uns auf andere zu schließen, kann eben auch daneben gehen.

Es gibt sicherlich noch einen weiteren Grund, den ich nicht verschweigen möchte, und der hat mit mir als Leiter zu tun. Denn das, was ich gerade beschrieben habe, scheint sich ja völlig mit dem zu beißen, was Leo Bigger in Zürich erlebt hat und wovon er in Kapitel 6 berichtet. Ich freue mich riesig über Leo und die icf-Gemeinde in Zürich, genauso wie ich mich über jede icf-Gründung in Deutschland freue. Aber ich musste feststellen, dass ich kein Leo Bigger und auch kein Bill Hybels oder Rick Warren bin. Davon gibt es wohl nicht so viele auf der Welt. Es hat sicher mit Kommunikationsfähigkeit oder Vision zu tun, und ab einer bestimmten Größe schadet es sicher nicht, wenn der Leiter auch ein organisatorisches Talent mitbringt. Die Leute, die mich kennen, werden jetzt lachen: Es dauerte nicht lange, da gab es in unserem Team den *running gag:* „Lasst den David bloß nichts organisieren, da entsteht dann ein schreckliches Chaos und alle leiden furchtbar darunter ..."

Und so starb Flanders. Nach und nach war die Luft raus, eine Lebensperspektive für Flanders fehlte und bald war Flanders tot. Und was tot ist, sollte beerdigt werden. Also hatten wir recht plötzlich und unvorbereitet an einem Sonntagabend im Dezember 2004 eine Beerdigungsfeier von Flanders. Mit allem, was dazugehört: Tränen und Geschichten davon, was man hier mit Gott und miteinander erlebt hatte. Nur der Streuselkuchen fehlte. Plötzlich war Flanders nicht mehr da. Beziehungen und Hauskreise blieben, jedoch relativ unabhängig voneinander.

Und was kam dann? Wohin würde die Reise für uns nun gehen? Auf dieser Reise sind wir – ein paar Leute aus dem Kernteam von Flanders – noch heute. Doch zunächst will ich erzählen, wie sich unser Verständnis davon, was Gemeinde ist, in der Zwischenzeit entwickelt hatte.

Kapitel 3

Basis

Mission – der Grund für Gemeinde

→

Mission – der Grund für Gemeinde

Da „draußen" gibt es Menschen, die haben noch nie einen Fuß in eine Kirche gesetzt. Und das werden sie wahrscheinlich auch in Zukunft niemals tun, wenn nichts geschieht. Was also tun? Oder, fragen wir anders: Was wird normalerweise getan?

Machen wir es an einem Beispiel plastisch: Eine Gruppe von fußballbegeisterten Christen möchte ebenso fußballbegeisterte Nichtchristen für Jesus erreichen, zum Beispiel Leute aus einem Fußballverein. Der Anknüpfungspunkt ist da: Fußball. Was tut solch eine Gruppe von Christen normalerweise? Sie gehen zu ihrem Pastor und sagen: „Wir würden gerne einen regelmäßigen Spezialgottesdienst starten, rund um Themen, die etwas mit Fußball zu tun haben." Wenn der Pastor sowie der Rest der Gemeinde einigermaßen offen sind, wird diese Gottesdienstreihe schon nach einiger Zeit vorbereitet. Eine Band formiert sich, vielleicht wird ein christlicher Fußballprofi eingeladen, am Kirchengebäude wird ein Banner aufgehängt: „Sonntagmorgen, 10.00 Uhr – alle Fußballfreunde sind herzlich willkommen!" Flyer werden für diese Gottesdienstreihe gedruckt und auf dem Parkplatz des Fußballvereins unter die Scheibenwischer der Autos geheftet. Es wird spannend, der Sonntag kommt, an dem der erste Fußballergottesdienst stattfindet. Aber wo sind die Leute aus dem Fußballverein? Auf dem Fußballplatz. Sie haben nämlich gerade ein Spiel. Und ihre Freunde und ihre Frauen (beim Frauenfußball sind es die Männer der Spielerinnen ...) verfolgen dessen Verlauf engagiert vom Spielfeldrand aus. In der Gemeinde haben sich unterdessen viele Gäste aus anderen Gemeinden versammelt, die den christlichen Fußballprofi schon immer mal live erleben wollten.

Natürlich ist dieses Beispiel etwas überzogen. Aber so realitätsfern ist es auch wieder nicht: Wir gehen raus, um Menschen in unsere Gemeinde einzuladen. Spätestens seit dem Zeitalter von *Willow Creek* geht das so: Wir gestalten einen zeitgemäßen Gottesdienst, abgestimmt auf die Bedürfnisse und die Fragen derer, die wir erreichen wollen, gehen hinaus und laden sie ein. Wir bauen Beziehungen zu Nichtchristen auf und laden sie in unsere Veranstaltungen ein. Raus – rein. Und wenn es funktioniert, hat amerikanischen Statistiken zufolge ein frischbekehrter Heide nach etwa fünf Jahren jeglichen Außenkontakt verloren und kennt – fast – nur noch Christen. Ich schätze, dass diese Statistik bei uns nicht viel anders ausfallen würde.

Im Neuen Testament lese ich jedoch von einer anderen Dynamik. Gott liebte die Menschen so sehr, dass er seinen Sohn gesandt hat, um sie zu retten. Jesus wurde Mensch. Jesus kam zu uns, um uns zu retten. Und am Ende sandte er die Jünger aus mit dem Befehl, andere zu Jüngern zu machen. Er gab seine Mission weiter an die Jünger.

Wir beginnen dagegen meist an einer anderen Stelle: bei der Gemeinde. Wir sagen: „Wir gehören zu Christus und deshalb gehören wir zur Gemeinde." Und dann fragen wir, was wir als Gemeinde tun sollen. Und so landen wir am Ende vielfach bei den folgenden Stichworten: Wir sollen Gemeinschaft untereinander haben, wir sollen im Glauben wachsen, wir sollen Gott loben, wir sollen mit unseren Gaben dienen und wir sollen Menschen zu Jesus führen und sie zu Jüngern machen. Manche Gemeinden haben so ihre Grundwerte festgeschrieben: Willow Creek hat die fünf G (Gnade, geistliches Wachstum, Gruppe, Gaben, gute Haushalterschaft), *Saddleback* die fünf Aufträge (Gemeinschaft, Jüngerschaft, Anbetung, Dienen, Evangelisation).

Dahinter steckt natürlich die gute Absicht, Gemeinde gesund zu bauen. Und dennoch finde ich heutzutage in der typischen westlichen Gemeindewelt meist nicht die Dynamik, die mir im Neuen Testament begegnet. Ich frage mich, ob wir das Pferd nicht von der falschen Seite aufzäumen: Wir fangen bei *uns* als Gemeinde an und fragen uns, was wir alles beachten müssen, damit Gemeinden wachsen. Doch im Neuen Testament finde ich an keiner Stelle den Auftrag, Gemeinde zu bauen. Ich lese in Matthäus 16 davon, dass Jesus seine Gemeinde bauen wird. Und diese Gemeinde wird so stark sein, dass der Teufel mit seinen Mächten und mit seinem Reich zurückgedrängt wird.

Jesus wird seine Gemeinde bauen. Uns hat er einen anderen Auftrag gegeben, nachzulesen in Matthäus 28: Wir sollen zu den Menschen hinausgehen und sie zu Jüngern machen. Wenn wir das tun, wird Jesus seine Gemeinde bauen. Er tut das nicht ohne uns, aber ich finde die Reihenfolge hier wichtig. Wenn Gemeinde an erster Stelle steht und wir uns zunächst fragen, was wir als Gemeinde alles beachten müssen bzw. tun sollen, dann ist Mission ein Bereich von vielen, der noch dazu sehr oft vernachlässigt wird. Die Gemeinschaft unter Christen oder ein toller Worship-Gottesdienst verdrängen schnell den Grund, warum Jesus auf die Welt gekommen ist: „Der Menschensohn ist gekommen, um die Verlorenen zu suchen und zu retten" (Lukas 19,10).

Wenn wir aber dort weitermachen, wo Jesus aufgehört hat und wozu er seine Jünger ausgesandt hat, sieht das Ganze so aus: Genauso wie Jesus in die Welt gesandt war, sind nun wir ausgesandt in die Welt. Und *indem* wir diese Mission in die Tat umsetzen, entsteht Gemeinde.

Ein guter Freund fragte mich einmal, wie viele Jünger es wohl in einer typischen Gemeinde gebe. Da ich mir schon einige Gedanken gemacht hatte, was es bedeutet, ein Jünger zu sein – nämlich jemand, der sich und seine Wünsche aufgegeben hat, Jesus folgt (Lukas 9,23) und andere zu Jüngern macht (Matthäus 28,19) – schätzte ich niedrig: „Etwa zehn Prozent." Dann überraschte er mich mit seiner nächsten Frage: „Und wie hoch ist die Wahrscheinlichkeit, dass Gemeinde genau dort entsteht, wo Jünger schlicht das tun, was sie sollen?" Natürlich: 100 Prozent, denn wenn Jünger gemeinsam ihren Auftrag umsetzen, baut Jesus dabei mitten unter ihnen Gemeinde.

Wenn wir anfangen, unseren Teil zu tun, unsere Mission wahrzunehmen, dann wird Jesus seinen Teil tun. Nämlich das, was nur er kann: seine Gemeinde bauen. Der Auftrag bestimmt, was Jünger zu tun haben. *Während* Jünger diese Mission umsetzen, baut Gott lebendige Gemeinde. Andersherum: Dort, wo Gemeinde dieser Mission nicht nachgeht, ist sie im besten Fall krank, im schlimmsten Fall gar nicht mehr Gemeinde, sondern lediglich ein Club von Leuten, die an die Existenz Gottes glauben.

Mission ist der Grund, weshalb die Kirche existiert. Das ist eine der Grundüberzeugungen von *Mosaic* in Los Angeles. Ich mag diesen Satz, da er der Gemeinde immer wieder sagt: Wenn wir diese Mission nicht mehr umsetzen, können wir uns auflösen.

Was sollten also diejenigen Christen tun, die fußballbegeisterte Menschen erreichen wollen? Wer es Jesus nachmachen will, kauft sich ein paar Fußballschuhe und wird Mitglied im Fußballverein. Er baut Beziehungen, ist Salz und Licht im

Leben der Mitspieler und fängt dort an, von Jesus zu erzählen – der Beginn davon, Menschen zu Jüngern zu machen. Und Jesus wird seine Kirche mitten im Fußballverein bauen. Nicht wir müssen sie bauen, Jesus wird sie bauen. Und ganz nebenbei wird so niemand aus seinen bisherigen Freundschaften gerissen.

Wie die Kaninchen ...

Genau hier ging unsere Reise weiter: Nachdem Flanders beerdigt war, sagten drei Ehepaare: Wir wollen das konkret umsetzen, was wir gelernt haben. Wir möchten uns gemeinsam senden lassen zu den Menschen. Unsere Muttergemeinde ebnete den Weg für eine erste „organische" Gemeindegründung. Organisch deshalb, weil Gemeinde sich organisch entwickeln soll: entlang von Beziehungen und dort, wo das Leben stattfindet.

Also haben wir begonnen, in unserem Stadtteil darauf zu achten, wo wir Menschen begegnen, Beziehungen bauen und Jesus in diese Beziehungen mit hineinnehmen können. Seit Anfang 2005 sind wir gemeinsam unterwegs und haben in dieser Zeit schon eine Menge gelernt. Vor allem mussten wir Gemeinde auch gefühlsmäßig anders verstehen. Gedanklich war uns allen klar, was wir wollten. Zu versuchen, es wirklich zu leben, ist aber noch mal etwas ganz anderes. Die eingangs erwähnten zwei Welten – die „geistliche" Welt im Gemeindeleben und die „normale" Welt – sollten jetzt zusammenkommen. Sind sie auch. Aber wir hatten uns in der gewohnten Aufteilung doch schon sehr eingelebt. Zu Beginn meinte einer von uns: „Ist schon eine ganz schöne Herausforderung, das jetzt voll zu leben. Manchmal wünscht man sich dann den Posten oder die Arbeit zurück, die man vorher zu Zeiten von Flanders übernommen hatte. Natürlich nicht wirklich, aber das Neue ist schon herausfordernd!"

Gemeinde fühlt sich auf einmal ganz anders an. Ein Freund von mir, der uns gut kennt und von unserer organischen Gemeindegründung gehört hatte, fragte mich: „Wann kann ich denn mal bei euch vorbeikommen?" Ich antwortete ihm: „Was willst du dir denn überhaupt anschauen?", und erklärte ihm, dass es nicht das *eine* gäbe, wo er sich einen Eindruck von der Gemeinde verschaffen könnte. Leben wird gelebt, gemeinsam, mit dem Blick für den anderen und für die, die Jesus noch nicht kennen.

Zeitgleich mit dem Beginn unserer Gemeinde eröffnete ein neues Café in unserem Stadtteil, das wir sofort adoptierten. Regelmäßig trafen wir uns im „Flair", tauschten uns über das aus, was in unserem Leben so passierte, und begannen ein offenes Ohr für diejenigen zu haben, die mit uns im „Flair" waren. Auch einzeln gingen wir oft dort vorbei: zwischendurch beim Weg zur Post dem Besitzer hallo gesagt und in einer stillen Minute auch über Glaubensfragen geredet. Eine Kellnerin, Mitte zwanzig, fragte mich, als sie hörte, dass ich Pastor sei, ob sie sich nach einer Scheidung auch noch kirchlich scheiden lassen müsste. Eine interessante Frage! Ich erfuhr, dass ihr Mann sie betrogen hatte, sie sich von ihm getrennt hatte und nun ziemlich allein war, da sie extra für diese Beziehung nach Essen gezogen war. Diese offene Tür entdeckte ich leider zu spät, da die Kellnerin in der folgenden Woche zurück nach Berlin zog.

Ich sprach mit einem 24-jährigen Mann, der aufgrund einer spastischen Lähmung seit seinem vierzehnten Lebensjahr im Rollstuhl sitzt. Zweimal habe ich schon für ihn um Heilung gebetet. Bisher hat Jesus ihn noch nicht geheilt, aber meine Hoffnung ist, dass wir das noch erleben dürfen. Das „Flair" wurde für uns zu einem „Third Place", dem amerikanischen Soziologen Ray Oldenburg zufolge ein dritter Ort neben dem Arbeitsplatz und dem Zuhause, an dem man regelmäßig mit anderen Leuten zusammentrifft. Ähnlich wie die Kneipe in der TV-Serie „Friends". Leider wurde das „Flair" vor kurzem geschlossen, da es sich für den Gründer in unserem Stadtteil nicht gelohnt hat. Wir waren traurig, für uns, aber auch für ihn, dass sich sein Traum nicht verwirklicht hat.

Zurzeit beten wir dafür, dass in einem Studentenwohnheim in unserem Stadtteil eine neue Gemeinde entsteht. Das unterscheidet uns wahrscheinlich auch von vielen Gemeinden: Unser Ziel ist es nicht, dass wir immer mehr werden und unsere Gemeinde immer größer wird. Vielmehr sollen dort, wo Menschen leben und lieben, mitten in ihrem Beziehungsnetzwerk, immer neue Gemeinden gegründet werden. So vermehren sich Gemeinden organisch und multiplizieren sich wie Kaninchen – das ist zumindest unser Wunsch und unser Gebet.

Curtis Sergeant, den ich im folgenden Kapitel interviewe, vergleicht die Multiplikation von Gemeinden mit dem Unterschied zwischen Kaninchen und Elefanten. Elefanten sind viermal im Jahr fruchtbar, haben ein Baby pro Wurf, die

Schwangerschaft dauert zweiundzwanzig Monate und das neue Baby erreicht seine Geschlechtsreife im Alter von achtzehn Jahren. Demgegenüber sind Kaninchen jederzeit fruchtbar, werfen im Schnitt sieben Babys pro Wurf, die Schwangerschaft dauert nur einen Monat und die Neugeborenen sind wiederum mit vier Monaten geschlechtsreif.

Frage: Während sich zwei Elefanten innerhalb von drei Jahren von zwei auf drei vermehren können, wie hoch ist das rechnerisch maximale Wachstumspotenzial bei Kaninchen? Ich habe schon viele Leute schätzen lassen! Manche schätzen 20 000, manche 50 000, die Mutigsten wagen eine Million. Tatsächlich liegt das Potenzial bei 476 Millionen. Nicht umsonst gibt es die Redewendung: „Die vermehren sich wie die Karnickel." Der Punkt ist, dass die Reproduktionsrate nicht nur in der Natur einen Unterschied macht – für Gemeinden gilt dies ebenso: Lieber klein und fein und viel!

Natürlich, wir sind bisher fern davon, so etwas zu erleben. Vieles ist auch bei uns *Trial and Error.* Wir probieren Dinge aus, beten gezielt. Manches klappt und manches nicht, aber das Ziel ist uns klar. Und eigenartigerweise sagt mittlerweile jeder von uns, dass er den großen Gottesdienst von früher nicht vermisst. Ganz im Gegenteil: Unsere kleineren Treffen sind viel persönlicher und auch geistlich fordern wir uns z. B. in Zweierschaften mehr heraus. Unser Gebet ist, dass Gott im Ruhrgebiet und darüber hinaus eine Gemeindegründungsbewegung schenkt, wie sie Curtis erlebt hat (siehe nächstes Kapitel). Sein Reich komme! *Jesus, baue du deine Gemeinde!*

Literatur zum Weiterlesen

Viele Gedanken in diesem Kapitel wurden von unterschiedlichen Leuten inspiriert. Der Gedanke der missionalen Gemeinde, bei der Mission die prägendste Eigenschaft der Gemeinde ist, stammt unter anderem aus dem Buch „*The Shaping of Things to Come: Innovation and Mission for the 21st Century Church*“ (Hendrickson Publishers, Peabody, Massachusetts 2003) von Alan Hirsch und Michael Frost, das momentan übersetzt wird und dann in mehreren Teilen im C & P Verlag erscheinen soll.

Sehr empfehlenswert ist außerdem das Buch „*Organic Church: Growing Faith Where Life Happens*“ (Jossey-Bass, Hoboken, NJ 2005) von Neil Cole, in dem er seine Geschichte zu organischen Gemeinden und ihrem Selbstverständnis beschreibt. Neil war im November 2004 in Deutschland und hat unter anderem auf dem ersten Smartexchange-Event auf dem Dünenhof mitgewirkt (mehr Infos auf www.smartexchange.de) sowie ein Zwei-Tages-Seminar zum Thema „organische Gemeindegründung“ gehalten (die Unterlagen dazu sind über www.de.igw.edu zu beziehen). Dieses Seminar war ein starker Impuls dafür, dass im Anschluss drei organische Gemeinden in unserer Gegend gestartet sind.

Auf Deutsch ist Neils Buch „Klein und stark. Minigruppen – ein Weg zur ganzheitlichen Nachfolge“ (C & P, Emmelsbüll 2003) erhältlich, in dem er das Konzept der Minigruppen vorstellt, das auch wir in unserer Gemeinde umsetzen.

Wer mehr über organische oder Hausgemeinden lesen möchte, dem empfehle ich Wolfgang Simsons Buch „Häuser, die die Welt verändern. Wenn Kirchenhäuser zu Hauskirchen werden“ (C & P, Emmelsbüll 1999).

Kapitel 4

Initiativen
Künftige Evangelisten zu Jesus führen: Gemeindegründungsbewegungen

→

Curtis Sergeant ist US-Amerikaner, hat aber fünfundzwanzig Jahre in Asien gelebt und sich dort primär auf Gemeindegründung konzentriert. Beim *International Mission Board,* der Missionsorganisation der Südlichen Baptisten der USA, war er zuständig für die globale Strategie. Inzwischen ist er bei der Saddleback-Gemeinde in Südkalifornien angestellt und arbeitet dabei mit, den P.E.A.C.E.-Plan zu entwickeln.

Künftige Evangelisten zu Jesus führen: Gemeindegründungsbewegungen

Mit Curtis Sergeant

Ich kann mich noch gut daran erinnern, wie ich im Sommer 1997 am Strand von Kalifornien anfing, die englische Ausgabe von Rick Warrens Buch „Kirche mit Vison" zu lesen. Ich fing an zu weinen, als ich seine Berufungsgeschichte las. Gott hatte definitiv seine Hand im Spiel und ihn nach Orange County geführt. Mittlerweile ist Warrens Folgebuch „Leben mit Vision" das meistverkaufte Hardcover-Sachbuch der Welt – nach der Bibel, wohlgemerkt. Rick Warren ist sicherlich ein außergewöhnlicher Visionär. Er war fünfundzwanzig Jahre alt, als er am 30. März 1980 im ersten Gottesdienst, der eigentlich erst die Generalprobe sein sollte, sechzig Leuten seine Vision vorlas. „Es ist der Traum von einem Ort, an dem niedergeschlagene, verletzte, frustrierte und orientierungslose Menschen Liebe,

Akzeptanz, Hilfe, Hoffnung, Vergebung, Leitung und Ermutigung finden können." Die komplette Vision ist in „Kirche mit Vision. Gemeinde, die den Auftrag Gottes lebt" nachzulesen (Gerth Medien, Asslar 2003). Rick sprach von seinem Traum einer Gemeinde, in der 20 000 Menschen ihr Zuhause finden sollten, einem Stück Land von mindestens zwanzig Hektar, auf dem viele schöne, aber einfache Gebäude stehen sollten, in denen viele Menschen zum Dienst ausgerüstet werden sollten. Am Ende stand der frischgebackene Pastor vor sechzig Leuten und sagte: „Ich stehe heute vor Ihnen und erkläre in vertrauensvoller Zuversicht, dass diese Träume Wirklichkeit werden. Warum? Weil ich glaube, dass sie von Gott inspiriert worden sind."

Fünfundzwanzig Jahre später, am 20. Mai 2005, stand Rick Warren bei einer Konferenz vor 3 600 Leitern aus der ganzen Welt, las erneut die Vision vor und sagte: „Diese Vision ist erfüllt worden." Eine unglaubliche Erfolgsgeschichte.

Gott hat diesen Mann mit den schrecklichen Hawaii-Hemden, über die er selbst Witze macht, auf besondere Art und Weise gebraucht. Durch seinen Dienst haben viele Menschen zu Jesus gefunden, viele Gemeindeleiter wurden erneut motiviert, in ihren Gemeinden allen fünf Aufträgen nachzugehen. Aus einem Grund ziehe ich aber besonders den Hut vor ihm: Er richtet seinen Blick nach wie vor darauf, was Gott noch alles tun will.

So sprach Rick Warren im Mai 2005 zu diesen Leitern aus der ganzen Welt von dem Neuen, was Gott seiner Wahrnehmung nach tut. Ricks Motivation ist dabei, immer das tun zu wollen, was Gott segnet. Er berichtete, wie er sich in der Welt umgeschaut hat, um zu sehen, wo Gott am Werk ist. „Was machst du, Gott, in Asien, in Afrika? Was sind die neuen Weinschläuche, die du für das einundzwanzigste Jahrhundert bereitest?" Zwei der Trends, die Rick Warren in diesem Zusammenhang weltweit beobachtet, sind zum einen das explosionsartige Wachstum der Gemeinden auf der südlichen Erdhalbkugel und zum anderen die Wiederbelebung der Ortsgemeinde. Das, was Gott auf der Welt Neues schenkt, geschieht nicht durch Missionsgesellschaften oder Denominationen, sondern durch Ortsgemeinden. Warren spricht gar von einer zweiten Reformation, die er 500 Jahre nach der ersten Reformation kommen sieht. Er erwartet, dass die Mobilisierung der Christen, die Multiplikation von Gemeinden, die Ausrottung der globalen Giganten (siehe unten) sowie eine neue Kooperation zwischen Gemeinden zur Evangelisation der Welt führen werden.

In den ersten 300 Jahren ihres Bestehens sei die christliche Gemeinde explosionsartig gewachsen. Warren sieht den Grund dafür darin, dass es zu dieser Zeit keine Aufteilung zwischen dem Klerus und dem Laienstand gab. Die schnellste Art und Weise, die ganze Welt zu evangelisieren, sei die, neue Gemeinden zu gründen. „Und wir brauchen zig Millionen von Gemeinden. Dies wird aber nie geschehen, wenn wir dafür überall ordinierte Pastoren brauchen." Warrens Ziel ist daher die Mobilisierung jedes einzelnen Christen.[4]

Mit einem **P.E.A.C.E.**-Plan, den die *Saddleback Community Church* seit Oktober 2005 offiziell verfolgt, soll fünf globalen Giganten begegnet werden: Durch das Gründen von Gemeinden (**P**lant Churches) sollen verlorene Menschen zu Christus finden. Egozentrische Leitung soll dadurch bekämpft werden, dass dienende Leiter ausgebildet werden (**E**quip servant leaders). Den Armen soll geholfen werden (**A**ssist the poor), für die Kranken soll gesorgt werden (**C**are for the sick), und schließlich soll dem Analphabetismus dadurch begegnet werden, dass Kinder die nötige Schulbildung erhalten (**E**ducate the next generation).

Eine große Vision, deren Erfüllung einem angesichts der globalen Riesenprobleme schier unmöglich erscheint. Dennoch gehen Rick Warren und sein Team entschlossen darauf zu. Wünschenswert ist das Erreichen dieser Ziele auf jeden Fall.

Als ich das erste Mal von diesem P.E.A.C.E.-Plan hörte, interessierte mich Punkt eins natürlich besonders, schließlich geht es in diesem Buch ja um neue Gemeinden. Neil Cole erzählte mir von Curtis Sergeant, der bei Saddleback verantwortlich ist für das „P" im P.E.A.C.E.-Plan, also für die Gründung neuer Gemeinden.

Curtis ist US-Amerikaner, 1993 ging er als strategischer Koordinator des International Mission Board der Südlichen Baptisten nach China und durfte erleben, wie Gott ihn gebrauchte, um das zu initiieren, was man heute eine Gemeindegründungsbewegung nennt. 1993 fand Curtis auf der Insel Hainan drei Gemeinden innerhalb einer bestimmten Volksgruppe vor, mit insgesamt etwa fünfundachtzig chinesischen Christen. Die Mitglieder dieser Gemeinden waren

[4] Die vollständige Rede kann unter folgendem Link gesehen werden: http://videos.purposedriven.com:8080/PDCConference05/PD_Manifesto.asx
Weitere Infos zum 25-jährigen Jubiläum und zum P.E.A.C.E.-Plan gibt es auch unter www.purposedriven.com/en-US/AboutUs/PDintheNews/Archives/25th_Celebration.htm

überwiegend ältere Menschen, und ihre Zahl nahm seit Jahren ab. Curtis begann damit, Christen aus anderen asiatischen Ländern zu schulen, die dann zusammen mit Christen aus der Region evangelisierten und Gemeinden gründeten. Die Zahlen sind unglaublich: Im ersten Jahr gründeten sie sechs Gemeinden, im nächsten Jahr siebzehn, dann fünfzig neue Gemeinden. Nur fünf Jahre nach dem Start gab es bereits 550 Gemeinden mit 55 000 Gläubigen. Innerhalb von neun Jahren, 2002, gab es 360 000 Christen. Diesen Typ wollte ich auf jeden Fall kennen lernen!

Im April 2005, eine Woche nach dem fünfundzwanzigsten Jubiläum von Saddleback, traf ich Curtis Sergeant und konnte ihm ein paar Fragen stellen, die mir unter den Nägeln brannten.

? Curtis, wie würdest du die Prinzipien beschreiben, die hinter einer Gemeindegründungsbewegung stehen?

! Wahrscheinlich ist es hilfreich, wenn ich vier Punkte nenne, die in der westlichen Kirche nicht befolgt werden. Dabei will ich aber ausdrücklich sagen, dass mir die westliche Kirche eigentlich fremd ist. Ich bin in Asien aufgewachsen und habe die meiste Zeit meines Lebens dort verbracht. Ich bin also ein Outsider in Bezug auf die westliche Welt, bin wirklich kein Experte, was die Kirche im Westen betrifft, noch nicht einmal ein klein bisschen.

Dennoch scheinen mir vier Dinge problematisch:

1. Zum einen fehlt für mich der Schwerpunkt, Jüngern zu helfen, *sich geistlich selbst zu ernähren.* Im Allgemeinen sehe ich im Westen Gemeinden, die von Christen besucht werden, um dort geistliche Nahrung zu erhalten. Das ist meines Erachtens nicht biblisch. Wenn man in der Gemeinde etwas erhält, dann sollte es zuallererst die Ausrüstung für das Werk des Dienstes sein.

? So, wie Paulus es in Epheser 4,11.12 schreibt („Er hat die einen zu Aposteln gemacht, andere zu Propheten, andere zu Evangelisten, wieder andere zu Hirten und Lehrern der Gemeinde. Deren Aufgabe ist es, die Glaubenden zum Dienst bereitzumachen, damit die Gemeinde, der Leib von Christus, aufgebaut wird")?

! Ja, genau. Ich unterteile diese selbstständige geistliche Ernährung in drei Kategorien:

➔ **Das Gebet:** In den meisten westlichen Gemeinden spüre ich nicht, dass Gebet wirkliche Gemeinschaft mit Gott ist. Ich glaube nicht, dass jeder Jünger weiß, wie man Gott hört und mit ihm Gemeinschaft pflegt, um seine Gedanken zu bekommen. Gott zu suchen, um Christi Sinn zu erhalten und auf eine intime Art und Weise mit Jesus zu sprechen. Dies ist ein Weg, den der Heilige Geist benutzt, damit wir wachsen. Und wenn Jünger nicht wissen, wie das geht, dann fehlt ihnen ein wichtiger Wachstumsweg.

➔ **Das Wort:** Ganz am Anfang bringen wir Neulingen in einer Gemeindegründungsbewegung bei, die Heilige Schrift selbstständig zu interpretieren und anzuwenden. Selbst wenn sie nicht lesen können. In so einem Fall erzählt man ihnen biblische Geschichten und erklärt, wie sie an weitere biblische Geschichten herankommen. Und dann lehrt man sie, wie man diese Geschichten interpretiert und sie anwendet. Das ist nicht schwer. In der westlichen Welt habe ich manchmal den Eindruck, als wären Auslegungsfragen nicht für jedermann von Interesse, sondern nur theologischen Seminaren oder Bibelschulen vorbehalten. Das ist lächerlich: Die ganze Idee des Priestertums aller Gläubigen ist doch, dass jeder Gläubige fähig ist, die Bibel auszulegen und anzuwenden. Neubekehrten fällt das nicht schwer. Man muss ihnen einfach beibringen, welche Fragen sie stellen müssen. Am Anfang kann es sogar sein, dass sie noch nicht einmal wissen, wie sie zu den Antworten auf diese Fragen kommen. Aber wenn sie die richtigen Fragen kennen, fangen sie an, in die richtige Richtung zu denken. Je länger sie Christen sind, desto mehr Kenntnis bekommen sie über die Bibel und können Bibelpassagen mit anderen vergleichen. Natürlich haben sie diese Fähigkeit nicht gleich am Anfang, aber ihnen zu helfen, die richtigen Fragen zu stellen, ebnet den Weg.

➔ **Das Leben** der Gemeinde: Da geht es um die „Einander"-Stellen in der Bibel: Ermutigt einander, baut einander auf, liebt einander. Manchmal sehe ich von diesem „Einander" in westlichen Gemeinden nicht sehr viel.

Dies sind drei Bereiche, durch die Gott uns wachsen lässt.

Es gibt noch andere, wie zum Beispiel Prüfungen, aber über diese drei haben wir in gewisser Weise die Kontrolle. Wir können sie uns zu Nutze machen und sie bewusst lehren und sie vorleben. Oder wir können es lassen. Und mir scheint, dass wir das versäumt haben. Die Folge davon ist, dass es eine Menge Jünger gibt, die sich eben nicht geistlich selbst ernähren, sondern abhängig von anderen sind, um Nahrung zu erhalten. Und das bedeutet zugleich auch: Sie sind damit auch nicht fähig, andere zu ernähren. Wenn du dich selbst nicht ernähren kannst, kannst du auch niemand anderen speisen.

2. Ein weiteres Stichwort ist *Gehorsam.* Dieser Punkt ist entscheidend wichtig. Wenn ich nur einen Knackpunkt wählen müsste, würde ich mich dafür entscheiden. Es gibt zwei Aspekte von Gehorsam, ich nenne es doppelte Verantwortlichkeit.

Zum einen gibt es die Verantwortung, das anzuwenden, was Gott mir gezeigt hat, sei es durch sein Wort oder wie auch immer. Zum anderen haben wir die Verantwortung, das Gelernte an andere weiterzugeben. Hier gibt es einen Riesenunterschied zwischen der Welt und der geistlichen Welt.

In der Welt geht es ständig darum: Was habe ich, das du nicht hast? Nehmen wir zum Beispiel an, ich wäre ein Computerexperte und du hättest ein Problem. Ich wäre natürlich sofort bereit, dir zu helfen: Für 120 Dollar pro Stunde räume ich dein Problem aus der Welt. Es könnte sogar ein ganz kleines Problem sein und ich wäre in der Lage, dir zu zeigen, wie du es beim nächsten Mal selbst beheben kannst. Aber das werde ich natürlich nicht tun, denn sonst würdest du mich beim nächsten Mal ja nicht mehr brauchen. Ich würde dadurch 120 Dollar pro Stunde verlieren, nur weil ich dir gezeigt hätte, wie du es selbst machen könntest. Stattdessen biete ich dir den besten Service, den du dir vorstellen kannst, damit du meine Dienstleistung beim nächsten Mal wieder in Anspruch nimmst. In der geistlichen Welt ist das jedoch ganz anders. Nur ein paar Bibelstellen:

„Wem viel gegeben worden ist, von dem wird auch viel verlangt. Je mehr einem Menschen anvertraut wird, desto mehr wird von ihm gefordert." (Lukas 12,48b)

„Umsonst habt ihr alles bekommen, umsonst sollt ihr es weitergeben." (Matthäus 10,8b)

„Was ich dir vor vielen Zeugen als die Lehre unseres Glaubens übergeben habe, das gib in derselben Weise an zuverlässige Menschen weiter, die imstande sind, es anderen zu vermitteln." (2. Timotheus 2,2)

Das sind mehrere Stellen, die aussagen, dass wir alles, was wir empfangen haben, im Gegenzug weitergeben sollen. Es geht sogar noch einen Schritt weiter: Wenn wir nicht geben, wird uns nichts Weiteres anvertraut.

Nehmen wir so etwas Einfaches wie den Missionsbefehl: „Lehrt sie halten." Halten und – was war gerade gefordert? Zu lehren. Du lehrst sie zu halten, sie lehren andere zu halten und so weiter. So hat Gott die geistliche Realität gestaltet.

Ich bin noch auf der Suche nach einer Gemeinde, die bewusst entsprechend so einer doppelten Verantwortlichkeit strukturiert ist. Nehmen wir eine typische Gruppe, in der man miteinander die Bibel studiert. Wir lesen im Epheser-Brief und lernen etwas über Beziehungen. Wir lernen, dass ich meine Frau so lieben soll, wie Christus die Gemeinde liebt. Da geht es dann natürlich um sehr konkrete Schritte. Vielleicht ist es eine fitte Gemeinde und wir stellen sogar einen Plan auf, wie ich das umsetzen kann. Aber wenn ich das nächste Mal komme, hakt keiner nach: Bin ich gehorsam gewesen und habe das umgesetzt? Wenn ich versagt habe, *sollte* es so ein, dass jemand bei mir nachhakt. Wie aber können wir weitergehen, wenn ich diesen letzten Schritt noch gar nicht umgesetzt habe? Wir sollten also alle anhalten und mich nicht in diesem Stadium zurücklassen. Das wäre weder liebevoll noch verantwortlich als Leib Christi. Wir müssen uns konkret damit befassen.

Genauso dürfen wir nicht einfach zum nächsten Tagesordnungspunkt weitergehen, wenn wir nicht weitergegeben haben, was wir empfangen haben. Wie können wir von Gott empfangen, was er uns geben möchte, wenn wir nicht treu waren und weitergegeben haben, was wir bereits empfangen haben? Wenn wir einfach weitermachen wie bisher und Ungehorsam tolerieren, wird unsere Nachfolge oberflächlich, und die Gemeinde ist fern davon, sich zu vermehren.

? Ich glaube, George Patterson hat einmal gesagt: „Wir sind über unseren Gehorsam hinaus ausgebildet."

! Ja, und das können wir nicht zulassen! Wir müssen uns für diese doppelte Verantwortlichkeit aufstellen: Ist jeder gehorsam und gibt jeder es weiter? Wenn nicht, sollten wir innehalten, das Problem beheben und dann erst weitergehen. Das ist ein Prinzip von Gemeindegründungsbewegungen, das in meiner Wahrnehmung in den westlichen Gemeinden, die ich kennen gelernt habe, fehlt.

3. Der dritte Punkt ist das *Wahrnehmen von Gelegenheiten.* Ich nenne das Augen, die sehen, wo noch keine Gemeinde ist.

Ein weltliches Beispiel wäre die Coca-Cola-Corporation. Wenn Coca-Cola einen neuen Manager einstellen möchte, suchen sie zuerst jemanden mit der Fähigkeit, zu sehen, wo Coca-Cola noch nicht ist, schließlich suchen sie ständig nach Wachstumsmöglichkeiten. Wenn ich mich für einen Job bei Coca-Cola bewerben würde, wäre das Erste, was ich sagen würde, dass sie im Bereich der heißen Getränke noch gar nicht vertreten sind. Sie haben noch nicht mal angefangen, diesen Bereich zu erobern. Global gesehen sind heiße Getränke aber populärer als kalte Getränke. Doch Coca-Cola ist bisher nur im Markt der kalten Getränke aktiv. Die würden mich anstellen, da bin ich mir sicher ...!

Wir müssen jeden Jünger ausrüsten, solche geistlichen Augen zu entwickeln. Ein Beispiel: Wir sehen jemanden, der Jesus braucht, und wir sagen: Vielleicht kann ich diese Person zu Jesus führen und ihn in unsere Gemeinde integrieren. Das ist ziemlich kurzsichtig. Das wäre vielleicht die letzte Möglichkeit, der ungünstigste Fall. Stattdessen sollten wir denken: Schau dir die Person an: Sie hat Beziehungen, Familie, Freunde, Arbeitskollegen – und diese Leute haben auch Beziehungen. Gibt es einen Weg, wie diese Person, die Jesus braucht, die Basis für eine neue Gemeinde wird? Aus der dann andere Gemeinden entstehen? Es geht also nicht darum, nur eine einzelne Person zu sehen, sondern eine ganze Gemeinschaft und sogar Gemeinschaften und Netzwerke von Menschen dahinter zu sehen.

Das Letzte, was wir wollen, ist diese eine Person in unsere Gemeinde zu bringen. Wenn absolut niemand in ihrem Beziehungsnetzwerk zum Glauben kommt oder offen dafür ist, dann kannst du ihn oder sie natürlich in deine Gemeinde integrieren. Aber das ist die letzte Wahl, nicht die erste.

Wir sehen oftmals nicht den Obstgarten, der in einem Apfelkern steckt. In Gemeindegründungsbewegungen ist das Erste, was du tust, wenn jemand zum Glauben kommt: Du lässt ihn hundert Namen von Personen aufschreiben, die Jesus brauchen. Dann sagst du: Mit welchen fünf von den hundert wirst du über deinen neuen Glauben reden? Dann zeigst du ihm, wie man den Glauben erklärt, hilfst ihm, sein eigenes Zeugnis zu erzählen, lässt es ihn ein paar Mal üben und dann sendest du ihn los und lässt ihn ein Zeuge für Jesus sein. Auf diese Art und Weise wird dieser Mensch sofort zum Lehrer und Mentor für diese anderen Leute, selbst wenn er gerade erst einen Tag lang Christ ist. In den unglaublichsten Gemeindegründungsbewegungen kann man in einem Zeitraum von sechs Monaten siebzehn bis achtzehn Generationen von Gemeinden nachverfolgen.

? Unglaublich!

! Ja, und das sind Gemeinden, also nicht nur Einzelpersonen. Aber das passiert eben nicht, solange du Neubekehrte einfach deiner Gemeinde zuführst. Sondern es kann nur passieren, wenn du sie sofort lehrst, zu sehen, wo die Gemeinde noch nicht ist, anstatt zu schauen, wo sie ist.

4. Der vierte Punkt mag vielleicht offensichtlich sein, aber ganz oft achten wir nicht auf die *Reproduzierbarkeit.* Im Westen haben wir viele Ressourcen und viele Leute mit sehr guter Ausbildung. Anstatt das zu nutzen, was für den jüngsten Christ reproduzierbar ist, nutzen wir das maximal Mögliche. Natürlich gibt es einen Zeitpunkt, an dem es hilfreich ist, weitergehende Lehre einzubringen. Aber wenn man an Gemeindegründung denkt und daran, das Fundament zu legen, dann kannst du dir den Zuckerguss sparen, backe erst man den Kuchen!

Das Ziel ist, nur die Dinge zu tun, nur die Dinge zu benutzen, die für den ärmsten, jüngsten, einfachsten Jünger erreichbar und möglich sind. Das sind ohnehin die wichtigsten Dinge. Das andere kommt, wenn sie im Glauben reifen.

? Glaubst du, dass man diese Art, Gemeinde zu denken und zu leben, in der westlichen Welt einführen kann?

! Ich glaube, dass das überall geschehen kann, aber meiner Meinung nach wird es durch Neubekehrte geschehen. Es gibt eine Ausnahme: In Kuba gibt es einige Gemeindegründungsbewegungen, die unter Christen starteten. Aber im Allgemeinen ist es viel schwieriger, bestehende Gemeinden zu verändern, als eine neue Arbeit zu beginnen.

Damit sage ich nicht, dass wir Gemeinden, die in so eine Richtung gehen möchten, nicht helfen sollten, aber ich glaube, dass es dort nie so rein, so pulsierend oder produktiv sein wird wie in neuen Projekten. Wir müssen unter den Leuten arbeiten, die keinen Gemeindehintergrund haben. Dort werden wir die Erfolge sehen.

Ich habe zwei Freunde in Holland. Sie versuchen, dies unter Teenagern umzusetzen. Sie sehen ein paar Barrieren, von denen sie bisher noch nicht wissen, wie sie sie überwinden können, aber sie sehen auch schon etwas Frucht. Diese Frucht kommt allerdings aus den nichtchristlichen Familien, viele der Barrieren hingegen kommen aus christlichen Familien.

Darüber hinaus ist es sicher am einfachsten, wenn Leute ihre Heimat verlassen und es an einem anderen Ort versuchen, der ihnen fremd ist.

Als ich anfing, Teams aus anderen Ländern zu trainieren, bestand ich darauf, nur mit Laien zu arbeiten. Zum einen wollte ich zeigen, dass Laien diesen Dienst tun können. Zum anderen sind Laien meist bessere Schüler: sie denken nämlich nicht, dass sie schon wissen, wie alles geht.

? Hat es die Menschen verändert, die gegangen sind?

! Oh sicher. Wenn ich versucht hätte, sie dazu zu bewegen, dies in ihrer Heimat zu machen, ich glaube, das hätte nicht funktioniert. Aber weil ich sie an einen Ort brachte, der ihnen völlig fremd war, gingen sie gar nicht erst davon aus, dass ihre eigenen Muster funktionieren würden. Wenn du ihnen etwas Neues zeigst und sie gleichzeitig ihren eigenen Erfahrungen in diesem Umfeld nicht trauen, dann kann es funktionieren.

? Glaubst du dass es die Art und Weise verändern kann, wie sie zu Hause arbeiten? Glaubst du, es kann Saddleback verändern?

! Ich hoffe es. Wir planen zielstrebig, dass dies geschehen kann, aber letztlich muss es natürlich Gott tun. Wir müssen uns aber dafür aufstellen, müssen Strukturen dafür schaffen. In Saddleback haben wir einen Plan erarbeitet, wie wir alles strukturieren können, damit so etwas auch zu Hause normal wird. Ich weiß nicht, ob es klappen wird, aber ich weiß, dass es nicht klappen wird, wenn wir jetzt nicht Veränderungen einplanen und vorbereiten. Wenn wir nicht unseren Teil übernehmen, wird sich Gott nicht über unseren Mangel an Verantwortung hinwegsetzen.

? Erwartet ihr dann, dass Saddleback bald ein Netzwerk von Hausgemeinden wird?

! In gewisser Weise ist das schon jetzt so. Aber das Problem ist, dass diese Hausgemeinden noch nicht effektiv arbeiten. Momentan sind ungefähr etwas über die Hälfte der Leute, die am Wochenende zu den Gottesdiensten kommen, in solchen Hausgemeinden. Aber in diesen Hausgemeinden sind genauso viele Leute wie am Wochenende in den Gottesdiensten. Es gibt also eine Menge Leute, die zwar in den Hausgemeinden sind, aber nicht die großen Gottesdienste besuchen. Wir haben etwa 2 400 solcher Hausgemeinden. Wenn wir die Saddleback-Terminologie benutzen, praktizieren alle die fünf Aufträge der Gemeinde: Anbetung, Gemeinschaft, Jüngerschaft, Dienst und Evangelisation. Sie taufen zu Hause, sie feiern das Abendmahl zu Hause. Gemeinde geschieht zu Hause.

? Diese Hausgemeinden taufen selbst?

! Ja, manche Leute werden im Hauptgottesdienst getauft, aber viele Leute werden in der kleinen Gruppe getauft. Beides ist völlig in Ordnung.

Diese kleinen Gruppen sind Gemeinden, sie sind Hausgemeinden, aber die meisten von ihnen sind keine effektiven Hausgemeinden. Vor allem nicht in zwei Bereichen: Im Bereich der Jüngerschaft und der Evangelisation erfüllen sie nicht das, was sie sollten. Daher übernimmt momentan die „große" Gemeinde noch einen Teil dessen, was die Hausgemeinden tun sollten. Wir müssen daher die Hausgemeinden noch trainieren, damit sie ihren Jüngerschafts- und Missionsauftrag effektiver erfüllen. Darum geht's letztendlich beim P.E.A.C.E.-Plan. Wenn das umgesetzt wird, dann wird die „große" Gemeinde überflüssig, nur noch ein Zusatz, da der größte Teil des Wachstums durch und in diesen Hausgemeinden geschehen wird.

Momentan kommt die Erweiterung zum größten Teil noch durch die große Gruppe. Die kleinen Gemeinden sind komplette Gemeinden, aber auf eine Art haben sie dieselben Mängel wie die traditionellen Gemeinden des Westens.

? Nehmen sich diese Kleingruppen denn selbst als komplette Gemeinde wahr?

! Die meisten sicherlich. Rick macht sehr klar, dass jede Kleingruppe selbst Gemeinde ist, dass sie in sich vollständig ist. Und dass sie damit dann auch dafür verantwortlich ist, alle fünf Aufträge ausgewogen zu praktizieren. Es ist ein sehr bewusster Schritt, zu Hausgemeinden zu werden. Das ist alles zwar noch sehr frisch, aber es wurde schnell übernommen.

Das typische Argument, das ich oft höre, ist, dass das ja vielleicht in Ländern der Dritten Welt klappen kann, aber doch wohl kaum in der westlichen Welt.

Nachdem wir uns aus Hainan zurückgezogen hatten, begannen wir andere zu trainieren, dasselbe zu tun. Mein Partner Bill Smith und ich trainierten Leute, die danach hinausgingen und genauso Gemeindegründungsbewegungen erlebten.

Als wir begannen, sagten manche Leute: „Das funktioniert nur in China. Das wird nie unter Muslimen klappen." Tatsächlich sahen wir eine Gemeindegründungsbewegung unter Muslimen. Daraufhin meinten Leute: „Das waren keine echten Muslime, nur kulturell sehr offene Muslime." Wir erlebten eine Gemeindegründungsbewegung unter streng gläubigen Muslimen. Also erklärten die Skeptiker: „Es sind aber immer noch keine Araber." Aber auch dort begann eine Gemeindegründungsbewegung. Und jetzt höre ich: „Das wird im Westen niemals funktionieren."

Nun, wir haben es unter Buddhisten, unter Hindus, unter säkularen Atheisten, unter Muslimen und vielen anderen Weltanschauungen gesehen. Ich bin überzeugt, dass dieselben Prinzipien auch im Westen zutreffen. Die Frage allerdings ist: Werden wir jemanden finden, der gewillt ist, es zu tun?

Ich sage nicht, dass es im Westen keine Hindernisse gibt, die Einstellung zum Geld beispielsweise ist sicher ein Hindernis. Aber ich glaube, dass es im Westen geschehen kann. Ich glaube, dass es geistliche Prinzipien sind, dass es biblische Prinzipien sind. Aber sind wir bereit, den Preis dafür zu bezahlen? Es erfordert die völlige Hingabe an Gott. Aber letztlich muss man immer wieder betonen, dass man nichts tun kann, damit eine Gemeindegründungsbewegung geschieht. Es ist ein souveräner Akt Gottes. Was wir tun können, ist den Weg durch einen weisen Einsatz von Leuten, Ressourcen und Methoden zu bereiten, so dass wir Gott nicht behindern oder künstliche Flaschenhälse erschaffen.

? Manchmal höre ich, dass Menschen sich auf unterschiedliche Begabungen berufen: „Zu so etwas bin ich nicht begabt." Was denkst du darüber?

! Geistliche Gaben kommen meines Erachtens eher im Stil oder in der Fruchtbarkeit zum Tragen. Jeder Jünger hat die Verantwortung, in allen Bereichen des Dienstes involviert zu sein, auch wenn jeder dabei in bestimmten Bereichen eine bestimmte Gnade hat. Typischerweise wird jeder sich in diesen jeweiligen Begabungen stärker einsetzen; dies schließt uns aber nicht von der Verantwortung in anderen Bereichen aus.

Hat sich jeder multipliziert?

Nicht jeder wurde ein Multiplikator. Etwa zwanzig Prozent wurden Multiplikatoren. Menschen mit einer apostolischen Begabung gingen stärker hinaus als andere, um Gemeinden zu gründen. Aber bei der Gründung von örtlichen Gemeinden waren Menschen mit allen Begabungen beteiligt.

Inspirierende und herausfordernde Gedanken, wie ich finde. Und unglaublich, was andere Christen in anderen Ländern erleben! Unglaublich eigentlich auch, wenn man hört, dass Saddleback sich zumindest dafür aufstellt, ein Netzwerk von Hausgemeinden zu werden. Man darf gespannt sein, was Gott mit dieser Gemeinde im Süden von Kalifornien noch alles vorhat.

Literatur zum Weiterlesen

Wen das Thema Gemeindegründungsbewegung interessiert, dem empfehle ich die kleine Broschüre von David Garrison: *Gemeindegründungsbewegungen* (Freitagsfax Verlag, E-Mail info@ffax2.com). Ausführlicher schreibt Garrison zum Thema in dem Buch „*Church Planting Movements – How God is Redeeming a Lost World*" (2003), das über www.churchplantingmovements.com bezogen werden kann. Kingdom Ministries arbeitet meines Wissens an einer deutschen Übersetzung, die zum Zeitpunkt des Manuskripts noch nicht veröffentlicht wurde (www.kministries.ch).

Kapitel 5

Initiativen

Talking about a revolution: 24-7 Prayer

→

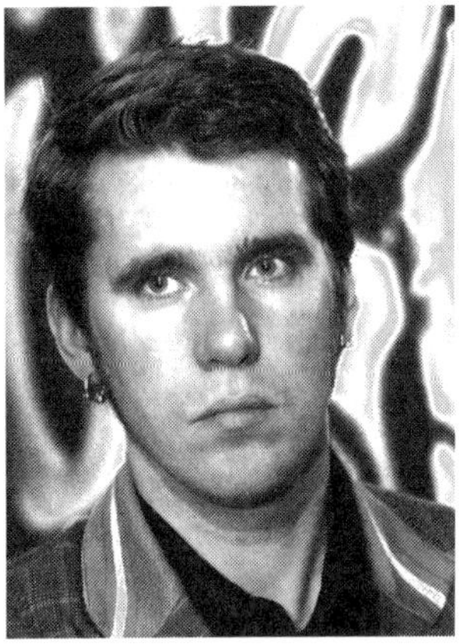

Markus Lägel wurde 1975 in Leipzig geboren. Nach dem Studium der Theologie zog er mit seiner Frau Andrea nach Dresden. Beide leben dort mit anderen Christen in einer Lebensgemeinschaft. Er ist Teil des Leiterteams der Bewegung 24-7 Prayer in Deutschland.

Talking about a revolution: 24-7 Prayer oder: Warum wir keine Gebetsbewegung sind

Von Markus Lägel

Don't you know, talking 'bout a revolution, it sounds like a whisper.
(Tracy Chapman, Talking About a Revolution)

Nur noch ein paar Minuten, dann war es so weit. Ich saß draußen im Schnee und wartete einfach nur ab. Die ersten Raketen knallten schon. „Brot statt Böller!", rief einer und warf zwei Brotscheiben in die Luft. Sehr lustig. Ich war weder in der Stimmung für blöde Witze noch für bemühte Jahresendfeiern. Es war Silvester. *Das* Silvester: Gleich würde die Tür in ein neues Jahrtausend aufgestoßen werden und für mich – ohne dass ich es ahnen konnte – die Tür in das Abenteuer meines Lebens. Noch hatte es sich aber ganz unscheinbar in einem dieser typischen „Neujahrsbibelverse" versteckt.

„Hmm, wieder nur ein Psalm", dachte ich zuerst: „Werde ruhig vor dem Herrn und warte gelassen auf sein Tun!" (Psalm 37,7). Also nichts Dramatisches. Weder die Rettung der Erde stand mir im nächsten Jahr bevor noch die vorzeitige Entrückung wegen guter Führung – und auch „die große Dürre" war mir für das Jahr 2000 nicht verheißen. Mein Zynismus sollte mir aber bald vergehen ...

Ob es diese „Etwas mehr beten könnte mir wirklich nicht schaden"-Haltung war, die einen zum Jahreswechsel schon mal befallen kann, oder aber das herannahende neue Millennium, weiß ich nicht. Auf einmal erschien mir dieser kurze und so einfache Vers riesengroß, rief er in mir doch Erinnerungen an das intensivste Erlebnis meines Lebens wach.

Ich war vierzehn und meine Eltern nahmen mich zum ersten Mal mit zu den Friedensgebeten nach Leipzig. Tausende Menschen trafen sich da zum Beten. Die Kirchen in der Innenstadt waren zum Bersten voll. Die Menschen saßen und standen, wo immer sie noch einen Platz fanden. Sie sprachen einfache, aber ehrliche Gebete. „Dona nobis pacem!" – „Bring uns Frieden, Herr!" Wer sonst kann jetzt noch helfen? Als wir gemeinsam auf die Straße gingen, wartete ein Meer von Menschen mit Kerzen in ihren Händen auf uns. Sie stellten die Kerzen vor den Soldaten und Polizisten ab. Die Treppe zum Gebäude der Staatssicherheit – jener Organisation, die die Menschen bespitzelt, misshandelt und verkauft hatte – war gesäumt mit Kerzen. Wie ein Strom aus Frieden und Licht.

Diese unglaubliche Macht der Gewaltlosigkeit, diese unkontrollierbare Kraft des Gebets zu einem lebendigen Gott war es, die mich faszinierte. In diesem Moment schien es, als hörte ich Gott in mir flüstern – und obwohl es nur ein Flüstern war, erschrak ich: „So, wie dieses System des Unrechts zu Ende geht, wird auch jedes andere System des Unrechts zu Ende gehen." Diesen Tagen folgte nicht nur eine politische Erneuerung im Land, sondern eine ganz persönliche in mir.

„Wir hatten alles geplant. Wir waren auf alles vorbereitet.
Nur nicht auf Kerzen und Gebete."

(Ein Mitglied der letzten DDR-Regierung
vor seinem Tod über die Ereignisse im Herbst 1989)

Vielleicht ging mir dieser Silvestervers deshalb in den folgenden Wochen nicht mehr aus dem Kopf. Er sollte für mich der Short Cut in die Schaltkreise von Gottes Matrix, das Verbindungsstück zwischen Vergangenheit und Zukunft, werden.

Aber dazu musste ich erst einen gewissen Pete Greig treffen. Das erste Mal hatte ich Pete im September 1999 in Dresden getroffen. Ich kellnerte in der Kneipe vom Kraftwerk, als Pete hereinkam und ein Bier bestellte. Als ich es ihm bringen wollte, sagte Rita, meine Chefin: „Hey, Markus, nimm dir ´ne Stunde frei und rede mit Pete. Das wird wichtig für dich. Ich mach so lange weiter."

Mit stotterndem Englisch versuchte ich mich mit ihm zu unterhalten. Ich weiß nicht mehr viel von diesem Gespräch, aber ich erinnere mich sehr gut, dass Pete mir eine Frage stellte, deren Antwort uns beide verbinden sollte: „Was ist dein Traum?" Ich erzählte ihm von diesen einschneidenden Erlebnissen in Leipzig, als ich noch ein Teenager war. „Gott kann das doch auch noch heute! Ich will sehen, wie so eine Armee Gottes die Mauern dieser Generation niederreißt", sagte ich einen Tick zu pathetisch. Doch Petes Blick sagte mir, dass wir denselben Traum und dieselbe Hoffnung teilten.

Als ich ihn zufällig und unerwartet im Frühjahr 2000 wieder traf, hatte Pete interessante Neuigkeiten: „Hey, du wirst nicht glauben, was nach meinem Besuch in Dresden passiert ist ..."

„It's finally coming, the changing weather //
That we've been fighting for
first a great storm, then a sunrise //
could we ask for more?"

(The International Noise Conspiracy)

Einen Tag nachdem ich Pete damals in Dresden getroffen hatte, besuchte er Herrnhut. Die Geschichte von Nikolaus Ludwig Graf von Zinzendorf, dessen 300. Geburtstag damals gerade gefeiert wurde, faszinierte ihn: Da versammelt und versöhnt ein fast noch jugendlicher Graf Christen verschiedenster Couleur und überzeugt sie von einem nahezu klösterlichen Leben der Hingabe an Gott und füreinander. Gottes Reaktion ist eindeutig. Das Dorf erlebt eine Erweckung und beginnt, fast hundert Jahre lang zu beten. Mehr noch: Die Menschen bringen diese Gebete zu den Nationen und führen allein in der Karibik 60 000 Menschen zu Jesus und Deutschland somit an die Spitze der Missionsnationen im 18. Jahrhundert. Dieses kleine Dorf in der Oberlausitz sandte noch zu Lebzeiten Zinzendorfs Hunderte von Missionaren in alle Welt und betete ununterbrochen bis ins 19. Jahrhundert hinein.

Pete war fasziniert, und mehr als das. Gott berührte ihn, und er bekam eine Idee: „Was die Herrnhuter hundert Jahre lang können, das können wir doch wohl für einen Monat!" Er fuhr zurück nach England und fing an, die Leute von dieser Idee zu begeistern: „Leute, ein Monat hat doch nur 744 Stunden!" Was heißt hier nur?

Noch im September 1999 ging das Abenteuer los – und hat seitdem nicht mehr aufgehört ...

Beten, als ob alles von Gott abhängt ...

Die Idee, gemeinsam zu beten, wild oder meditativ, liturgisch oder frei, laut oder leise, um Gott anzuflehen, eine Wende in der Jugendkultur herbeizuführen, verbreitete sich wie ein Lauffeuer. Eine Gruppe nach der anderen schloss sich an und betete eine Woche lang. Eine nach der anderen. Mit Worten, Bildern, Gedichten, Tränen, Beats und allem, was man eben hat, brachten junge Leute ihr Herz zu Gott und baten ihn, diesen Kontinent noch einmal mit seinem Evangelium zu durchfluten. Würde man es sogar schaffen, genügend Gruppen begeistern zu können, um miteinander ein Jahr ohne Unterbrechung mit Gebet füllen zu können? Das Staunen danach war größer als die Hoffnung zuvor: Immer mehr Gruppen aus der ganzen Welt kamen Woche für Woche dazu. Und jede übernahm eine Woche in diesem Jahr. Es gab seitdem keinen Tag, an dem nicht mindestens eine Gruppe gebetet hat, oft waren es sogar 20 oder 30 gleichzeitig.

Hier saßen Pete und ich nun im Frühjahr 2000 und er schwärmte von den letzten Wochen: „Ich wollte ja wieder aufhören, aber mehr und mehr Gruppen machten mit. Es ist verrückt!" Äußerlich unberührt, wie es sich für einen Deutschen gehört, lauschte ich Petes Geschichte, aber in mir brodelte es. Er brauchte mich nicht mehr begeistern, das hatte dieser Psalm seit Wochen mit mir getan. „Das ist mein Psalm, was du hier beschreibst! Live und in Farbe!"

„Verlass dich auf den Herrn und tu, was recht ist ... Suche dein Glück beim Herrn: Er wird dir jeden Wunsch erfüllen. Überlass dem Herrn die Führung in deinem Leben; vertrau doch auf ihn, er macht es richtig! Deine guten Taten macht er sichtbar wie das Licht des Tages, und deine Treue lässt er strahlen wie die Mittagssonne. Werde ruhig vor dem Herrn und warte gelassen auf sein Tun! ... Alle, die auf ihn hoffen, werden das Land besitzen."

(Aus Psalm 37)

Leute, die sonst keine zehn Minuten am Stück beten konnten, füllten auf einmal ganze Wochen. Unglaublich! Ich war mir sicher: Wir würden bald auch eine Woche lang beten. Das stand für mich fest.

Noch im April 2000 starteten wir als *Kraftwerk Jugendkirche* in Dresden die erste Gebetswoche. Ein paar Wochen später bat Pete mich und das Kraftwerk, 24-7 Prayer in Deutschland zu koordinieren. Der Rest ist Geschichte. 24-7 Prayer nahm seinen Lauf. Fast 2 000 Gruppen aus über sechzig Ländern aller Kontinente, aus vielen verschiedenen Gemeinden und Denominationen, haben seitdem mindestens eine Woche gebetet, viele von ihnen sogar mehrere Wochen am Stück und immer wieder. Und trotzdem war schon bald klar, dass das nur der Anfang war. Und dass das auch nur der Anfang sein darf!

„... alles war so unschuldig und überhaupt nicht darauf eingestellt, beobachtet zu werden oder ein Phänomen zu sein – und das ist es, was jeder falsch versteht. Du kannst nicht bewusst etwas schaffen, das von Bedeutung ist. Es braucht diese Kombination aus Chemie, Umständen, der Umgebung, allem eben."

(Sioxsie Sioux über das Punk-Movement in den 70ern)

... und leben, als ob alles von uns abhängt!

Pete Greig hatte, bevor er unfreiwillig zum „Gründer" von 24-7 Prayer wurde, Gemeinden im Süden Englands gegründet bzw. mit aufgebaut. Zusammen mit

Leuten wie Roger Ellis, DJ Andy Hunter und den Leuten der Band *Delirious?* hatten sie überlegt und probiert, wie man Gemeinde für postchristliche Menschen neu erfinden kann. Fast jeder, der bei 24-7 Prayer dabei ist, war auf einer ähnlichen Suche nach den neuen alten Wegen, um Jesus wieder in diese Kultur zu bringen. Da ist z. B. Jonah, der mit achtzehn Jahren als Missionar aus den USA nach Sevilla/Spanien zog. Oder Ian Nicholson, der schon in fast jedem osteuropäischen Land im Gefängnis war, weil er Bibeln geschmuggelt hat.

Uns war bewusst, dass Gebet Folgen haben muss. Diese Lektion hatte ich als Vierzehnjähriger in Leipzig gelernt, als durch „unsere“ Friedensgebete die Mauer fiel. Gebet und gesellschaftliche Veränderung, Gebet und Mission gehören zusammen.

Die Geschichte der Herrnhuter, die uns immer wieder und immer noch inspiriert, rannte da bei uns offene Türen ein: Nicht nur ihre ausdauernde Art zu beten, sondern auch ihre radikale Umsetzung von Mission und ihr konsequenter Bau von Gemeinschaft inspirierten 24-7 Prayer: Nach nur wenigen Monaten waren die Menschen, die die ersten Gebetsräume füllten, schon nach Ibiza, St. Petersburg, Mexiko, Mazedonien oder Aya Nappa unterwegs. Predigen stand nicht an erster Stelle, zumindest nicht mit Worten.

Beispiel Ibiza: Die Teams sind während der ganzen Sommersaison dort, während Horden von Partygängern die Strände überrennen und die Insel in ein modernes Sodom und Gomorra verwandeln. Unsere Teams reinigen dann die Strände, bringen den jugendlichen Partygängern frisches Obst und helfen den Leuten, die durch Drogen, Alkohol und andere Sachen in Probleme gekommen sind. Und die Teams beten für die Menschen – direkt und persönlich.

Überraschung Nummer eins: Leute, die sich nie und nimmer eine Predigt anhören würden, haben kein Problem, wenn man für ihre Situation und ihr Leben betet.

Überraschung Nummer zwei: Mittlerweile hat fast jede englische Zeitung begeistert darüber berichtet und 24-7 Prayer dadurch in der Party-Hauptstadt etabliert.

Überraschung Nummer drei (nun gut, das ist nicht soo überraschend): Die Menschen haben Vertrauen gefasst und die ersten Leute fangen ein Leben mit

Jesus an, wohl auch deshalb, weil Brian und Tracey und ihre Kinder (unsere ersten Missionare) im Frühjahr 2005 nach Ibiza gezogen sind.

Doch inzwischen wurde noch eine ganz andere Idee geboren, die die vier da unten umsetzen: Klöster für das 21. Jahrhundert! In England heißen sie „Boiler Rooms", in Kanada „Urban Monastery", in Schweden „Re:Aktor". Schon im Sommer 2000 fingen Andy Freeman und sein Team an, in einer leerstehenden Kneipe auf einem alten Klostergrundstück rund um die Uhr zu beten: ein ganzes Jahr lang! Sie brachten den Straßenkids, die da auftauchten, Gottes Liebe und etwas zu essen, besuchten sie auf der Intensivstation, wenn wieder eines dieser Kids zu viel Drogen genommen hatte, sie nahmen Pilger auf und lebten zusammen als Gemeinschaft, verbunden durch einen Rhythmus des Gebets. Die Idee von 24-7-Klöstern war geboren. (Dass Andy Freeman schon in jungen Jahren eine natürliche Halbglatze trug, die einer Tonsur nicht unähnlich sieht, schien einer von Gottes humoristischen Zufällen zu sein.)

Come roll out the red carpet,
Come bugler sound the horn
Cause the hero is returning
Gotta welcome him to his home.

(The Alarm, „The Stand [prophecy]")

Diese „Klöster" werden die Zukunft von 24-7 Prayer sein. Gebet bringt Mission hervor. So war diese Entwicklung fast zwangsläufig. Klöster? Mönche? Lebensregel? Nichts scheint doch ungeeigneter, um Menschen von heute zu Jesus zu führen, oder? Hartnäckig verbergen Vorurteile und theologische Missverständnisse vor allem in evangelischen Kreisen das Geheimnis der Mönche, das uns persönlich und unseren Gemeinden eine intensive und lebensnotwendige Frischzellenkur bescheren könnte! Dabei stellt sich die Frage doch genau andersherum, wenn man sowohl die Worte Jesu als auch die Kirchengeschichte ernst nimmt: Geht es *ohne?*

Boiler Rooms – Klöster des 21. Jahrhunderts

Ein „Boiler Room" ist eine Gemeinschaft von Menschen, die durch das gemeinsame Leben und einen gemeinsamen geistlichen Rhythmus verbunden sind. Dieser Rhythmus besteht aus verschiedenen Formen und Zeiten des Gebets, des Lernens, der Erholung, des Feierns und des Arbeitens. Ganz praktisch kümmert sich diese Gemeinschaft um die Bedürftigen und Benachteiligten (nicht nur in ihrer Gegend) und möchte Menschen helfen, zu erleben, was es bedeutet, Jesus zu kennen.

Handeln und Beten

Wie ein Adler zwei Flügel benötigt, um sich in die Lüfte zu erheben, wird die Gemeinschaft durch das Prinzip des Betens und Handelns getragen. Zwar hat vor allem Benedikt dieses *Ora et labora* bekannt gemacht, er spiegelt damit aber nur biblische Grundzüge wider, wie man sie z. B. in Micha 6,8 lesen kann: „Der Herr hat dich wissen lassen, Mensch, was gut ist und was er von dir erwartet: Halte dich an das Recht, sei menschlich zu deinen Mitmenschen und lebe in steter Verbindung mit deinem Gott!"

Und auch hier war Zinzendorf ein Pate des Gedankens. In jungen Jahren, noch als Schüler, gründete er mit einer Hand voll Freunden einen „Orden". Als Zeichen, dass sie

- treu zu Jesus sein wollten,
- alle Menschen gerecht behandeln und
- die gute Nachricht von Jesus in die Welt tragen wollten,

tauschten sie Ringe aus, in denen stand: „Keine(r) von uns lebt für sich allein."

Später stellte sich heraus, dass verschiedene Könige, Bischöfe und Adelige diesem Orden beigetreten sind. Doch die eigentliche und entschiedene Umsetzung wurde in der Kommunität in Herrnhut sichtbar. Und so sind auch für unsere Kommunitäten und „Klöster" diese drei Grundversprechen verbindlich. Diese Prinzipien können unserem praktischen Leben helfen, Jesus den Menschen von heute ausgewogen und ganzheitlich vorzuleben. Ich will kurz sechs konkrete „Folgen" dieser drei Grundwerte schildern:

Gebet

Jede Gemeinschaft entwickelt einen intensiven Rhythmus des Gebets, der aus verschiedenen Formen der Anbetung, Fürbitte, Meditation besteht. Wir in Dresden z. B. treffen uns regelmäßig zum Früh- und Abendgebet und zum Abendmahl, wir führen ein paar Mal im Jahr eine 24-7-Woche durch, wo wir praktisch rund um die Uhr beten, und wir haben spontane Anbetungsabende. Von meditativ-liturgisch bis laut und wild ist alles dabei.

Lernen

Jede Gemeinschaft ist eine lernende Gemeinschaft. Wir lernen voneinander und miteinander. Das fängt ganz simpel so an, dass wir lernen, die Bibel zu lesen und auch zu leben, eben nicht als eine akademische Pflichtübung. Natürlich gibt es auch ab und zu verschiedene Seminare und Workshops, aber am meisten lernt man doch durch die vielen Gespräche beim Frühstück oder Abendessen. Es gibt auch bei uns ganz konkret Möglichkeiten, mitzuleben, mitzulernen und dabei zu sein. Dabei ist vieles, was mit „Lernen" zu tun hat, eher „monastisch" statt „scholastisch", d. h., man lernt zu leben und nicht nur zu wissen. Jüngerschaft ist ein praktischer Weg und nicht nur ein inneres Wissen.

Barmherzigkeit

Ein Begriff, der theoretisch missverständlich und ausgelaugt sein kann, wird praktisch, indem wir die Dinge angehen, die vor Ort einfach schief liegen. Wer setzt sich ein für die Schüler, die von ihren Eltern und den Behörden allein gelassen werden? Wer bringt denen Essen, die auf der Straße leben? Wer macht darauf aufmerksam, dass Wirtschaft auch fair und gerecht sein kann? Praktisch fängt das bei klassischer Sozialarbeit an und hört beim Frühstück auf der Straße noch lange nicht auf. Armut und Einsamkeit kann sich sehr gut hinter einer netten Fassade verstecken.

Gastfreundschaft

Simpel, aber gut. Egal, ob es ein Freund ist, der eine Nacht in Dresden ist, ein Missionsteam, das sich gerade in der Stadt einsetzt, oder jemand, der schnell irgendwo unterkommen muss, weil er oder sie das alte Umfeld hinter sich lassen will. Bei uns gibt es immer ein, zwei, drei, vier freie Betten. Probier es aus ...! :-)

Mission

Wir sind für die da, die Jesus noch nicht kennen, sowohl hier vor Ort als auch in anderen Kulturen und Teilen dieser Erde. Wir sind also oft unterwegs, um – langfristig – an anderen Orten und vor der Haustür Jesus zu leben und bekannt zu machen. Wie macht man das? Nun, zu Hause sprechen ein offener Kühlschrank und ein freies Bett Bände. Menschen erleben Gott durch Gebet. Wir sind Freunde, egal, ob jemand „offen" ist oder nicht. Viele unserer Freunde kommen zu den Gebetswochen oder einfach nur zum Filmschauen, helfen mit bei dem, was wir machen.

Barmherzigkeit, Kunst und Kreativität

Kunst ist eine Art, das Leben zu erleben und auszudrücken. Und weil unser Leben mit Jesus gefüllt ist, drückt diese Kunst auch Jesus aus. In jeder Gemeinschaft sieht das anders aus. Bei uns sind es Wohnzimmer-Konzerte, Sessions im Garten, das Tonstudio im Haus und andere Sachen. Musik, Poesie, Handwerk – all das sind Dinge, wie wir mit Gott leben und ihn unseren Freunden auch vorleben.

Es gibt unterschiedliche Ausrichtungen eines Boiler Rooms, zum Beispiel als eine *übergemeindliche, ökumenische und stadtweite Gemeinschaft.* Diese Gemeinschaften bestehen aus Menschen, die aktiv in ihren Gemeinden bzw. aktiv in ihre Gemeinden hinein sind, aber mit anderen Christen vor Ort zusammenleben, beten und den Nöten ihrer Stadt begegnen.

Ein Boiler Room kann auch ein *Zentrum bzw. geistlicher Motor einer Gemeinde* sein. Welcher Pastor freut sich nicht, wenn fünfzehn Leute seiner Gemeinde zu ihm kommen und sagen: „Wir möchten gerne zusammenwohnen, um mehrmals täglich miteinander zu beten, Menschen in Not zu helfen und Jesus in unserer Gegend bekannt zu machen"? Solche Gemeinschaften können eine ungeheuer positive und dynamische Rolle in einer Gemeinde spielen und die Gemeinde wie ein geistlicher Motor enorm bereichern. Auch bieten sie einen tollen Anlaufpunkt und helfen, Beziehungen intensiver zu leben.

Und ein Boiler Room kann eine *Gemeindeneugründung* sein. An Orten, wo es noch keine Gemeinde gibt, können Boiler Rooms die Pionierarbeit übernehmen, um Menschen Jesus nahe zu bringen und ihnen ein Leben mit Jesus zu ermöglichen.

An verschiedenen Orten fangen Menschen an, ihre Beziehung zu Gott und zueinander in solch kommunitären Gemeinschaften zu leben. Jede hat ihr eigenes Flair, unterscheidet sich von den anderen, wie sich auch die Städte und Menschen selbst unterscheiden. Schon weil wir hier noch ganz am Anfang stehen (es gibt momentan etwa zehn solcher Gemeinschaften, die anfangen, diese Idee zu entdecken und praktisch umzusetzen), ist dies einem ständigen Veränderungsprozess unterworfen. Und ganz ehrlich: Oft sind mehr Fragen offen als beantwortet! Aber das ist für mich oft das eigentlich Reizvolle: Das Leben ist offen und spannend! Die Bibel – nicht nur ein Buch zum Nachlesen, sondern zum Nachleben. Zu viele Storys und Verse darin sind noch ungelebt. Zu viele Gebete noch ungesprochen, zu viele Träume noch ungeträumt.

Der Same des Gebets fängt an, Früchte zu tragen: Die ersten Langzeitmissionare verlassen ihre Heimat in eine unbekannte Zukunft, Menschen finden zu Jesus, geben ihr Leben auf und folgen ihm nach, Gemeinschaften und Boiler Rooms sprießen aus dem Boden wie Pilze nach einem warmen Sommerregen. Und es wird jetzt schon sichtbar, dass wir keine Gebetsbewegung sind, sondern eine Bewegung, die Mission und Gerechtigkeit in ihrem Herzen trägt – und deswegen viel betet!

Christus ist mein Leben und Sterben mein Gewinn

Wohin geht die Reise? Was ist unser Traum? Unsere Vision? „The Vision is Jesus ..." In einer von vielen Nächten hat Pete ein Gebet an die Wand geschrieben, das am besten ausdrückt, was wir träumen. Es wird dir bekannt vorkommen, denn es sind praktisch nur Worte aus der Bibel, ein Gedicht inspiriert von Jesu Bergpredigt. Tausende von Leuten haben sich in diesen Worten wiedergefunden. Sind das nicht Worte, die beschreiben, wie diese „neuen Mönche" aussehen könnten und leben werden? Wenn ich diese Worte höre, dann tauchen vor meinem inneren Auge Menschen wie Paulus, Basilius, Klara und Franziskus von Assisi, Graf Zinzendorf, Dietrich Bonhoeffer und Mutter Teresa auf. Menschen, die in ihrer – ganz anderen – Zeit ähnliche Worte gesagt und vor allem gelebt haben. Sie haben die vollmundigen Bekenntnisse ihrer Tage durchlebt und durchlitten, haben sie in der Realität gelebt und Menschen den Weg zu Jesus gewiesen. Und dann sehe ich diese Menschen wie Schaulustige am Wegesrand unserer Reise stehen und höre sie flüstern: „The Vision is Jesus!"

Die Vision

Da kommt doch dieser Typ zu mir und fragt: „Was ist die Vision? Worum geht es?" Ich mache meinen Mund auf und höre folgende Worte: Die Vision? Die Vision ist Jesus – der gefährliche Jesus! Der Jesus, den du nicht leugnen kannst! Der dich total in Beschlag nimmt! Die Vision ist eine Armee von jungen Leuten. Du siehst Knochen? Ich sehe eine Armee!

Und sie sind frei vom Materialismus Sie lachen über die kleinen 9-bis-17-Uhr-Job-Gefängnisse. Sie essen Kaviar am Montag und Brotrinde am Dienstag, sie merken noch nicht mal den Unterschied. Sie kennen die Bedeutung der Matrix, sie wissen diese Welt zu erobern. Sie sind mobil wie der Wind und gehören den Nationen. Sie brauchen keinen Pass. Die Leute schreiben ihre Adressen nur noch mit dem Bleistift auf und wundern sich über ihr verrücktes Leben. Sie sind frei und doch die Sklaven der Verwundeten, Dreckigen, Sterbenden.

Was ist die Vision? Die Vision ist Heiligkeit, Heiligkeit, die den Augen wehtut. Sie bringen Kinder zum Lachen und Erwachsene zur Weißglut. Es reicht ihnen nicht, den angepassten Standard zu halten. Sie greifen nach den Sternen. „Warum denn nur das Gute wollen, wenn es das Beste zu erreichen gilt?" Es ist eine Heiligkeit, die alles andere als niedlich ist! Sie verstecken ihre geheimen Motive nicht und auch nicht ihre privaten Gespräche. Sie lieben die anderen von ihren selbstmörderischen Abenteuern ins Leben zurück, weg von ihrem satanischen Vergnügen. Diese Armee legt ihr Leben für das eine Ziel nieder. Eine Million Mal pro Tag sind ihre Soldaten bereit, eine Niederlage einzustecken, um eines Tages den entscheidenden Sieg zu erringen, indem sie hören: „Gut gemacht, ihr treuen Söhne und Töchter!"

Diese Helden sind am Montagmorgen genauso radikal wie am Sonntagabend. Sie haben es nicht nötig, sich einen großen Namen zu machen. Darüber lachen sie nur müde und schreien mit ihren Freunden: „Come on!" Denn das ist der Sound aus dem Underground; das Flüstern der Geschichte, welches die tiefsten Fundamente erschüttern lässt, das Revolutionäre zum Träumen bringt; das die geheimen Treffen zum Leben erweckt. Hörst du das geheimnisumwobene Flüstern? Das ist die Stimme der Vergessenen!

Und sie sind diszipliniert. Jünger, junge Leute, die ihren Körper zum Gehorsam zwingen. Jeder Einzelne würde die Kugel abfangen, die für seinen Freund bestimmt war. Das Tattoo auf ihrem Rücken sagt es: „Christus ist mein Leben, Sterben ist mein Gewinn." Opferbereitschaft lässt das Feuer des Sieges in ihren mutigen Augen brennen. Sieger, Märtyrer. Wer kann sie aufhalten? Können Hormone sie zurückhalten? Können Niederlagen sie entmutigen? Kann Furcht ihnen Angst einjagen oder der Tod sie auslöschen?

Diese Generation betet anders! Gebete, gestöhnt wie die letzten Laute eines Sterbenden! Geschrien wie der Ruf eines Kämpfers, mit salzigen Tränen geweint und mit lautem Grölen herausgelacht. Sie passen auf. Sie wachen. Vierundzwanzig Stunden am Tage, sieben Tage die Woche, 365 Tage im Jahr. Ihr Leben lang. Was immer es kostet, sie zahlen den Preis: Sie brechen die Traditionen. Sie verbannen die Mittelmäßigkeit aus ihrer kuscheligen Sicherheit. Sie geben ihre Rechte auf, genauso wie ihre „ach so geliebten Schwächen". Sie belächeln Etiketten und „big names". Verzichten auf das Notwendigste. Die Werbung wird sie nicht beeinflussen, Hollywood nicht faszinieren. Selbst Gruppendruck ist machtlos gegen ihre gefällten Entscheidungen, sie werden sie nicht auf Mitternachtspartys verleugnen, dann, wenn der Hahn kräht.

Sie sind unglaublich cool und gefährlich attraktiv – in ihrem Innersten! Und äußerlich? Das kümmert sie kaum. Sie tragen Kleidung wie Kostüme. Nicht um sich zu verstecken, sondern um eine Botschaft zu vermitteln – und zu feiern. Würden sie ihr Image oder ihre Beliebtheit aufgeben? Sie würden sogar ihr eigenes Leben aufgeben, den Platz mit dem Todeskandidaten – schuldig wie die Hölle selbst – tauschen. Der elektrische Stuhl statt eines Thrones. Mit Blut, Schweiß und Tränen, in schlaflosen Nächten und an fruchtlosen Tagen beten sie, als ob alles von Gott abhängt, und leben sie, als ob alles von ihnen abhängt.

Ihre DNA programmiert sie auf Jesus! (Er atmet aus – sie atmen ein.) Ihr Unterbewusstsein singt. Sie hatten eine Bluttransfusion mit Jesus. Ihre Worte lassen im Supermarkt die Dämonen aufschreien.

Hörst du diese Armee kommen? Blast die Posaune für die Verrückten! Sammelt die Verlierer und Freaks. Hier kommen die Verängstigten und Vergessenen mit Feuer in ihren Augen. Und sie laufen aufrecht. Die Bäume klatschen Beifall. Die Hochhäuser verbeugen sich. Die Berge erscheinen klein, verglichen mit diesen Kindern einer anderen Dimension. Ihre Gebete mobilisieren den Himmel und wecken den alten Traum von Eden wieder auf.

Und diese Vision wird wahr werden, sie wird erfüllt werden. Mit Leichtigkeit, und zwar bald. Woher ich das weiß? Es ist das Sehnen der ganzen Schöpfung! Das Stöhnen des Geistes, der Urtraum Gottes. Mein Morgen ist sein Heute. Was bei mir kaum Hoffnung ist, ist bei ihm schon 3D und „in Farbe".

Und mein schwaches, geflüstertes, glaubensloses Gebet? Mit einem krachenden, Mark und Bein erschütternden Amen wird es beantwortet – aus dem Mund unzähliger Engel, von den Helden des Glaubens.

Und von Jesus selbst. Und er ist der eigentliche Träumer dieses Traumes. Und der eigentliche Sieger! Garantiert!

Literatur zum Weiterlesen

Die ausführliche Geschichte von Pete Greig und 24-7 Prayer kann man nachlesen in „Red Moon Rising. Wenn Freunde anfangen zu träumen und zu beten" von Pete Greig und Dave Roberts (R. Brockhaus, Witten 2005). Für mehr Infos über Zinzendorf und die Herrnhuter Brüdergemeine empfiehlt sich Peter Zimmerling, „Nikolaus Ludwig Graf von Zinzendorf (1700-1760) und die Herrnhuter Brüdergemeine. Geschichte, Spiritualität und Theologie" (Hänssler, Holzgerlingen 1999). Dietrich Bonhoeffers „Gemeinsames Leben" (Gütersloher Verlagshaus, Gütersloh 2001) ist ein Klassiker, der sich ebenfalls zu lesen lohnt. Wen das Mönchtum interessiert, dem sei Walter Nigg, „Vom Geheimnis der Mönche. Von Bernhard von Clairvaux bis Teresa von Avila" (Diogenes, Zürich 2003) empfohlen.

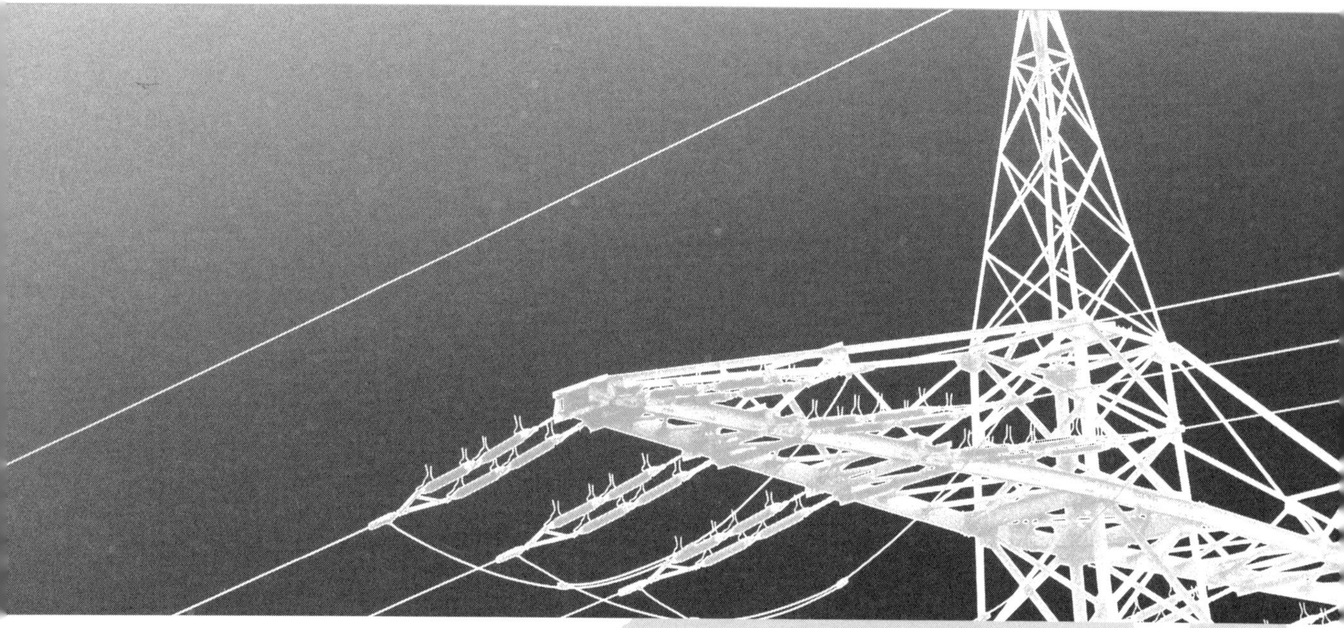

Kapitel 6

Initiativen
Wage Großes für Gott:
icf
→

Leo Bigger, geboren 1968, studierte vier Jahre Theologie am Institut für Gemeindebau und Weltmission (IGW) in Zürich und gründete 1996 das icf-zürich, das er seitdem gemeinsam mit seiner Frau Susan leitet. Mittlerweile leitet er auch eine Bewegung mit fast dreißig icf-Kirchen in ganz Europa. Er lebt mit seiner Frau Susan und zwei Kindern in Zürich.

Wage Großes für Gott: icf

Von Leo Bigger

Mein Traum

„Wage große Dinge für Gott, dann wird Gott große Dinge tun", so sagte einmal William Carey. Eines ist mir seit meinem achtzehnten Lebensjahr bewusst: Den Träumern und Visionären gehört die Welt.

Ich denke zurück an die vielen Stunden, die ich vor dem Einschlafen damit verbrachte, davon zu träumen und mir vorzustellen, wie Gott durch mich eine neue Art von Kirche bauen könnte. Immer wieder stieß ich dabei an Grenzen, an Barrieren und an die Traditionen, wie man Kirche „halt eben macht". Ich war mit dieser Art und Weise, wie man Kirche „halt eben macht", nicht zufrieden und stellte fest, dass ich damit einer von vielen war. Obwohl praktisch alle Jugendlichen unter diesem Zustand litten, hatte dennoch niemand den Mut, etwas Neues zu beginnen.

Das musste sich ändern! Zusammen mit anderen wagte ich etwas Großes für Gott, und wir fingen eine neue Form von Kirche an, die es bis zu diesem Zeitpunkt in der Schweiz nicht gab. Es dauerte nicht lange, bis Gott anfing, durch uns große Dinge zu wirken. Die icf-Kirche wuchs innerhalb von fünf Jahren auf über 2 000 Gottesdienstbesucher. Dies war und ist ein Phänomen in einer Zeit, in der andere Kirchen der Schweiz immer leerer werden. Pfarrer und Vertreter aus Kirchen, Schulen, Politik und Medien fingen an, sich für diese neue Art Kirche zu interessieren.

Das Beispiel von *icf-zürich* gab plötzlich wieder vielen Mut, ihrerseits große Dinge für Gott zu wagen. Es machte Mut, Kirche auf Werten wie Freundschaft und Teambildung zu bauen; mit Visionen Ziele zu setzen.

Meine Geschichte

Ich wurde am 23.10.1968 geboren. Ich habe als so genanntes Sandwich-Kind vier weitere Geschwister. Aufgewachsen bin ich in Buchs, einem kleinen Ort im schweizerischen St. Gallen. Meine Mutter ist überzeugte Katholikin, daher bin ich auch in diesem Glauben erzogen worden. Ich war sogar Ministrant in der katholischen Kirche. Ich habe eine vierjährige Lehre als Offsetdrucker absolviert. Mit sechzehn Jahren gründete ich eine Band, in der ich selber E-Gitarre spielte. Mit achtzehn Jahren kam Gott in mein Leben: Ich bekehrte mich in der Familie eines Freundes. Von dem Tag an habe ich in meiner Schule evangelisiert. Dafür hatte ich schon immer das größte Herz: Menschen für Jesus gewinnen!

Mit neunzehn Jahren gestaltete ich einen Gottesdienst in einer katholischen Kirche mit meiner Band und hielt die erste Kurzpredigt. Ich lud alle meine Freunde dazu ein. Später wechselte ich von der katholischen Kirche in die Freie Evangelische Gemeinde in Buchs. Vier Jahre lang war ich Co-Leiter in der Jugendgruppe der FEG Buchs. Mein Traum, vollzeitlich als Evangelist tätig zu sein, wuchs mehr und mehr. Dann habe ich meine wundervolle Frau Susanna kennen und lieben gelernt und sie im Sommer 1991 geheiratet. Inzwischen wurden wir Eltern von zwei Söhnen (sechs und vier).

Wir zogen dann gemeinsam nach Zürich, wo ich von 1991 bis 1995 beim Institut für Gemeindebau und Weltmission (IGW) Theologie und Gemeindebau studierte. Gleichzeitig gründete ich mit zwei anderen Studenten die Evangelische Gemeinde im Glockenhof (EGG) in Zürich.

Noch im selben Jahr, 1995, war ich zu einem dreimonatigen Sprachaufenthalt in den USA und besuchte die Willow Creek Community Church in Chicago. Dort hatte ich in einem bewegenden Gottesdienst eine Vision, in welcher ich in Gesichtern von Teenagern, die dort auf der Bühne standen, die Gesichter von Menschen aus Zürich sah. Sie sagten zu mir: „Leo, komm zurück zu uns nach Zürich und baue eine Kirche für uns!" Das haute mich so um, dass ich den Rest des Abends weinen musste. Im Herbst 1995 übernahm ich dann das damalige icf, welches mein Mentor Heinz Strupler aufgebaut hatte. Wenig später schloss ich mich mit meinem Freund Matthias Bölsterli von der Limmatgemeinde und Mickey Conod zusammen, und gemeinsam gründeten wir icf-zürich.

Die Geschichte von icf-zürich

Am Anfang waren wir knapp achtzig Leute, die sich zu regelmäßigen Gottesdiensten trafen. Wie war es möglich, dass icf-zürich innerhalb von fünf Jahren auf über 2 000 Gottesdienstbesucher anwachsen konnte? Ich sehe im Nachhinein drei wichtige Dinge, die uns geholfen haben:

1. Jeder von uns hat von Anfang an alles dafür gegeben, dass Menschen zum Glauben kommen konnten. Wir hatten keine spezialisierten Evangelisten, sondern uns war klar: Wenn jeder von uns pro Jahr mindestens einen Menschen zu Jesus führt, dann wird sich unsere Kirche innerhalb eines Jahres verdoppeln.

2. Als Nächstes sahen wir in unseren halb leeren Gottesdiensträumen immer das vorhandene Wachstumspotenzial. Ich sagte immer zu unserer Kirche: „Dreht euch mal um: Diese leeren Plätze sind deshalb frei, weil die Menschen, die demnächst darauf sitzen werden, noch gar nicht an Gott glauben oder noch nicht von uns eingeladen worden sind." Und so kam es, dass wir innerhalb von drei Jahren eine jährliche Verdoppelung unserer Gottesdienstbesucher erlebten und wir die Schlagzahl unserer Gottesdienste und Angebote erhöhen mussten. Der erste Kinder-Gottesdienst fand mit vier Kindern und sechs Erwachsenen statt.

Unter der Leitung von Monique Graf-Dungar und Barbara Bölsterli entwickelte sich der heutige Chinderexpress rasch, und heute sind es etwa 250 Kinder, die als Zukunft gefördert werden. 1998 startete Youthplanet (Sechzehn- bis Neunzehnjährige) und Ground Zero (Dreizehn bis Fünfzehnjährige), die Jugendarbeit mit 25 Teenagern. Die explosive Jugendarbeit feierte bereits im ersten Halbjahr neunzig Taufen und wächst unter der Leitung von ND Strupler und seinem Team unaufhörlich (zurzeit 400). Im Oktober 2002 wurde ein neuer Gottesdienst für die Zwanzig- bis Fünfundzwanzigjährigen eingeführt: der „Zwänzger". Ein Gottesdienst, der spezifisch auf die Bedürfnisse der Twens eingeht, unter der Leitung von Danny Gassmann. Die Treffen ziehen bis zu 200 Personen an.

3. Schließlich war es Gott, der die Kirche, trotz vieler Fehler unsererseits, hat wachsen lassen. Was am Anfang nur eine Idee und ein Traum war, verselbständigte sich immer mehr. Es kam zu landesweiten icf-Gründungen. Im Mai 1999 wurde *icf-unlimited* gegründet und startete die ersten neuen icf-churches. Heute gibt es ca. dreißig icfs im In- und Ausland, und weitere sind im Aufbau. Das hatte niemand von uns geplant. Gott machte aus icf viel mehr, als ich je zu träumen gewagt hätte. Im Jahre 2003 wurde ein langjähriger Traum wahr: icf-zürich erhielt neue Räume im Maag Areal mit einer celebrationhall, die 2 000 Sitzplätze hat. Im Dezember 2003 feierten wir die Einweihung der neuen Halle mit insgesamt 5 000 Gottesdienstbesuchern an einem Tag. Und 2005 haben wir bereits den vierten internationalen icf-kongress mit dem Titel „Leadership Instyle" mit 1 500 Teilnehmern aus ganz Europa durchgeführt.

Mein Wunsch an dich: Werde Gottes entscheidender Faktor!

Warum habe ich dir meine persönliche Geschichte so ausführlich erzählt? Warum habe ich dir nicht auf diesen Seiten in allen Einzelheiten beschrieben, was genau icf macht, dass sie so erfolgreich ist? Warum gebe ich dir kein Rezept mit zehn Schritten, wie du in Zukunft eine Kirche bauen kannst, die in Europa einen Unterschied machen wird?

Antwort: Weil das so nicht funktioniert in Gottes Reich! Weil es nicht um zehn erfolgreiche Prinzipien geht! Weil es nicht darum geht, was icf macht, denn Gott hat icf zu der Kirche gemacht, die sie im Moment ist! Weil es einzig und allein darum geht, was du machen wirst in deiner Stadt und in deinem Land. Ein John Knox ist in Schottland aufgestanden und hat gesagt: „Jesus, gib mir Schottland oder lass mich sterben!" Ein Martin Luther ist aufgestanden und hat gesagt: „Hier stehe ich und kann nicht anders!" Ein Bill Hybels ist aufgestanden und hat gesagt: „In diesem Kino soll eine Kirche für verlorene Menschen entstehen!" Und auch ich bin aufgestanden und habe gesagt: „Jesus, ich möchte eine Kirche für verlorene Menschen mitten in Zürich bauen!" Gottes Faktor sind Menschen, die aufstehen und sagen, was sie denken und tun wollen für ihn. Durch diese Art von Menschen wurde das icf gebaut; sie waren der Erfolgsfaktor.

Ich will dich ermutigen, ein Erfolgsfaktor Gottes zu werden, indem du aufstehst! Wenn du mutige Schritte im Glauben an Gott wagst, dann wird er sich für alle Fälle auf deine Seite stellen und dir helfen. Zuerst müssen jedoch die rein menschlichen Sicherheiten beiseite geschoben werden. Auch ich musste dies tun. Ich musste bereit sein, für den Traum, den Gott mir geschenkt hatte – eine Kirche für eine neue Generation zu gründen –, viele Annehmlichkeiten des Lebens aufzugeben. Diese Vision umzusetzen brauchte extrem viel Mut.

Ich hatte mit sehr vielen Widerständen zu kämpfen: So wurde ich weder von meinen Eltern noch von meinen Geschwistern ermutigt oder gar unterstützt. Auch die traditionelle Kirche, der ich damals noch angehörte, hielt nichts von meinem Traum; ich besaß weder eine theologische Ausbildung noch die entsprechenden Finanzen, um mein Vorhaben umsetzen zu können. Trotz aller Hindernisse und aller Angriffe wurde ich nicht müde, Gottes Träume zu verwirklichen. Wenn ich heute, rund zehn Jahre später, zurückschaue, so kann ich etwas festhalten: Es hat sich gelohnt, dranzubleiben. Inzwischen ist unsere örtliche Kirche hier besucherzahlenmäßig die größte in der Schweiz. Tausende von Menschen kommen Woche für Woche zu unseren Gottesdiensten. Innerhalb der icf-Bewegung im europäischen Raum werden Jahr für Jahr neue Kirchen gegründet. Wenn ich heute auf die Anfänge unserer Arbeit zurückblicke, so erkenne ich, wie ein Traum Wirklichkeit werden durfte. Ich konnte sehen und erleben, wie Gott sein Wort hält.

O.k., jetzt bist du dran! Ich habe genug geschrieben. Es wurde sowieso schon genug geschrieben, gelesen, gesagt, gehört, gepredigt, gelehrt – es ist genug, uns platzt schon der Kopf vor lauter Wissen, was man alles machen könnte und sollte. Jetzt musst du aufstehen! Leise sein und herumdrucksen hat jetzt ein Ende. Es ist unsere Generation, deine und meine – jetzt bist du dran!

Was bedeutet das für dich? Es könnte bedeuten, dass du morgen in deinem Teensclub, in deiner Jugendgruppe, in deinem Hauskreis oder in deiner Gemeinde aufstehst und sagst, was du denkst. Sagst, was du wie und wann und warum verändern willst – und es dann einfach *tust!* Dieser Moment könnte eine Sternstunde in deinem Leben werden – eine Sternstunde für die Menschheit. Steh auf und sag wie Luther: „Hier stehe ich und kann nicht anders!" Bete zu Gott wie John Knox: „Gib mir Deutschland oder lass mich sterben!" Werde entschlossen; sag deinen Freunden, dass du an Jesus glaubst; streiche Dinge in deinem Leben, die nicht effektiv sind und die keine Frucht für Gott bringen. Tu dich mit deinen besten Freunden zusammen und gründe eine Gemeinde. Glaube, bis die Berge versetzt sind, evangelisiere, bis alle gerettet sind, bete, bis die Wände wackeln, aber tu eins bitte nicht mehr: einfach so weiterleben wie bisher! Das wäre für Gott die größte Enttäuschung.

Ich wünsche mir von ganzem Herzen, dass auch du große Dinge für Gott wagst. Dass du dich durch dieses Buch und meinen Input motivieren lässt, ein wertvoller Mitarbeiter wirst und du diesen Traum von einer neuen Art von Kirche träumst wie ich. Lass uns träumen und unseren Traum leben.

Lass uns eine Kirche bauen, in welcher der persönliche Glaube an den uns liebenden Gott den Unterschied macht. Lass uns eine Kirche bauen, die positiven Einfluss auf die Gesellschaft nimmt. Eine Kirche, welche sich voller Hingabe für Menschen in psychischer, rechtlicher, finanzieller und geistlicher Not engagiert und Hoffnung und Glauben für ein sinnvolles Leben vermittelt. Lass uns eine Kirche bauen mit Menschen, welche zusammen beten, lachen, weinen und füreinander da sind. Die Kirche, die wir bauen, hat eine klare Botschaft, welche Leben radikal verändert und befreit. Menschen in scheinbar ausweglosen Situationen erhalten eine neue Perspektive und Hoffnung. Sie finden Antworten und gehen ohne Angst der Zukunft entgegen. Eine Kirche, in der zerrüttete Familien wieder zueinander finden und sich gegenseitig vergeben. Der Mittelpunkt ist Jesus Christus – er ermöglicht ein Leben im Frieden mit Gott. Ein Leben im Überfluss – reich an Freude, Begeisterung und echten Freundschaften.

Ja – die Kirche, die wir bauen, wird unsere Kirche sein, denn *wir sind die Kirche!*

PS:

Wenn dich etwas bewegt hat oder du Fragen an mich hast, dann kannst du mir gerne schreiben: E-Mail Leo.Bigger@icf.ch. Mehr Infos über icf bekommst du unter: www.icf.ch.

Kapitel 7

Initiativen

Glaube = R.I.S.I.K.O.: Jesus Freaks

→

Mirko Sander erblickte 1973 in Hamburg das Licht der Welt. Als gelernter technischer Zeichner fand er mit neunzehn Jahren sein Zuhause bei den Jesus Freaks. Seit seinem einundzwanzigsten Lebensjahr arbeitet er mit Herz und Seele bei *Jesus Freaks International (JFI).* Er ist im Leitungskreis von JFI und sein Herz schlägt dafür, „dass Menschen anfangen, Gott nicht mehr verstehen zu wollen, sondern Gott Gott sein zu lassen, und sich auf den Weg machen, um mit Jesus unterwegs zu sein". Mirko möchte sein „Jesus-Leben" nicht träumen, sondern seine „Jesus-Träume" leben! Er lebt mit seiner Frau Thirza in Alzey. Mehr über Mirkos Alltag kannst du in seinem Blog lesen: www.Reis-Baby.de

Glaube = R.I.S.I.K.O.: Jesus Freaks

Von Mirko Sander

Ich erinnere mich noch gut an den 24. Dezember 1992. Es war einer dieser „typischen" Heiligen Abende ... Um 16 Uhr war ich im Gottesdienst der Freien evangelischen Gemeinde Hamburg-Horn, um 18 Uhr gemeinsames Essen mit der Familie und danach die „fröhliche" Bescherung ...

Mit sieben Jahren bin ich in die FeG „hineingerutscht". Die Gemeinde hatte eine gute Kinder- und Jugendarbeit und meine beiden Brüder waren dort öfter in der Jungschar. Ich hatte relativ früh herausgefunden, dass ich zu Hause nicht dabei helfen musste, die Wohnung sauber zu machen, wenn ich sonntags in den Kindergottesdienst ging. In den folgenden Jahren durchlief ich dann die gängigen Gemeindegruppen – Kindergottesdienst, Teeniekreis, biblischer Unterricht,

Mitarbeiter im Kindergottesdienst, Jugendkreis, Mitarbeiter im Teeniekreis ... Bis zu meinem neunzehnten Lebensjahr war ich in der FeG zu Hause und habe meinen Weg auch in der Gemeinde gesehen: sonntags in den Gottesdienst, freitags in den Jugendkreis und natürlich bei ProChrist im Technikteam dabei sein.

Tief in mir hatte ich immer die Sehnsucht, irgendetwas für Gott zu machen. Natürlich hatte ich einen Plan für mein Leben: Nach der Realschule habe ich eine Ausbildung zum technischen Zeichner angefangen und danach wollte ich mein Fachabitur machen und Schiffbau studieren. In manchen Momenten kam auch mal der Gedanke, vielleicht nach Ewersbach (auf das theologische Seminar der Freien evangelischen Gemeinden) zu gehen und Pastor zu werden.

Im Sommer 1992 traf ich einen ehemaligen Mitschüler, der mich zum „Marsch für Jesus" nach Berlin einlud. Bis dahin hatte ich keine Idee davon, wie andere Christen außerhalb der FeG ihren Glauben lebten oder wie deren Gemeinden aussahen. Zu der Zeit gab es überall Diskussionen über „die Charismatiker" und über diesen Marsch. Vieles von dem, was damals passierte, habe ich nicht wirklich verstanden.

In Berlin wurde ich mit Christen und einem Lebensstil konfrontiert, den ich bis dahin noch nie erlebt hatte. Die ganzen Jugendlichen, mit denen ich im Bus fuhr, redeten von Jesus und Gott so, als ob sie ihn kennen würden – nicht nur theoretisch, sondern echt.

In den Wochen danach ging ich mit meinem Klassenkameraden in seine Gemeinde – die Anskar-Kirche in Hamburg. Ich erinnere mich noch gut an meinen ersten Gottesdienst dort. Die Lobpreiszeit kam mir ewig vor, und zwischendurch gab es Prophetien und Gebete in Sprachen. Für mich war das echt ein gemeindlicher Kulturschock. Mir kam es so vor, als ob ich in einer fiesen Sekte sei, die ihre Mitglieder irgendwie hypnotisierte oder so. Zu meinem großen Schreck roch es aus der Lüftung auch so verdächtig nach Pfefferminz und für mich war klar – irgendein Gas oder so wird hier durch die Lüftung geschickt, um die Leute willig zu machen. Mein Versuch, so wenig wie möglich zu atmen, ist meinem Sitznachbarn aufgefallen – er bot mir dann ein Pfefferminzbonbon an ...

Doch dann ließ ich mich fallen in das, was Gott machen wollte. Die nachfolgenden Wochen waren ein Hin und Her zwischen der FeG und der Anskar-Kirche – und irgendwie auch zwischen den „Charismatikern" und den „Evangelikalen". Viel später habe ich festgestellt, dass dieser Umbruch bei vielen stattfand. Zu der Zeit fühlte ich mich aber mehr oder weniger alleine damit. Auf der einen Seite war die Gemeinde, in der ich aufgewachsen war. Und auf der anderen Seite hatte ich einen Ort gefunden, der mich ganz neu mit Gott verband. In dieser Zeit erlebte ich Jesus in meinem Alltag wie nie zuvor. Plötzlich wurde die Bibel lebendig und Gebet war cool. Ich erlebte, wie diese Sehnsucht, etwas für Gott zu machen, eigentlich die Sehnsucht in meinem Herzen war, bei Gott zu sein und zusammen mit ihm unterwegs zu sein. Nach einigen Wochen war für mich klar, dass ich mich zwischen den beiden Gemeinden entscheiden musste, und ich trat aus der FeG aus.

Wie es anfing

Die Geschichte der Jesus Freaks begann im Dezember 1991 in Hamburg. Die Anskar-Kirche wurde 1992 zu einem geistlichen „Nest" für die Freaks und so traf ich sonntags regelmäßig die erste Generation der Gemeinde. Im Dezember gaben mir zwei von ihnen einen Flyer zur „Jesus-Geburtstags-Party" und meinten, ich solle auf jeden Fall kommen und auch ein Geschenk für Jesus mitbringen. Ich fand diese beiden Gestalten mehr als seltsam. Bis dahin hatte ich zwar in der Anskar immerhin schon erlebt, dass man mit Jesus eine richtige Beziehung haben kann. Aber ihm auch noch ein Geburtstagsgeschenk zu überreichen, das war mir dann doch zu strange.

Dennoch – an jenem Weihnachtsabend 1992 war ich gegen 22.00 Uhr auf dem Weg zu meinem ersten Zusammentreffen mit den Jesus Freaks. In dem Moment, als ich durch die Tür trat, geschah etwas in mir. Wenn ich mich heute daran erinnere, kommt es mir vor wie der Song von U2: „I Still Haven't Found What I'm Looking For". Die Party fand in den Räumen einer Gemeinde statt, und so wirkte alles irgendwie typisch christlich. Die Freaks hatten mit gebatikten Bettlaken versucht, das Weiß der Wände zu verbannen, aber das hatte nicht wirklich funktioniert. Überall standen brennende Kerzen und seltsame Personen herum. In der einen Ecke gab es einen Cocktailstand und tatsächlich stand an einer Wand ein Geburtstagstisch für Jesus – sogar mit

„Happy Birthday Jesus"-Torte. Für mich war klar, dass die Freaks einen echten Schaden hatten ...

Die Atmosphäre war allerdings ausgesprochen angenehm. Irgendwann im Laufe des Abends fing eine Art Gottesdienst an. Jemand spielte Gitarre und ich fand mich in einer der intensivsten Lobpreiszeiten wieder, die ich jemals erlebt hatte. Ein anderer Typ fing dann an, über Jesus zu reden. Ich weiß nicht mehr, wovon die Predigt handelte, aber ich war wie verwandelt. Jesus war nicht mehr der „Sohn Gottes aus dem Gemeindeleben". An diesem Abend wurde er mein Freund.

Manchmal hat man eine tiefe Sehnsucht in seinem Herzen, ohne es wirklich wahrzunehmen. Man vermisst etwas, ohne es zu merken, weil man es nicht anders kennt. Bei dieser etwas anderen Weihnachtsparty habe ich etwas gefunden, wonach ich mich mein Leben lang gesehnt hatte, ohne es wirklich zu wissen.

Es lässt sich schwer beschreiben, was in dieser Nacht alles passierte. Wenn ich so zurückdenke, dann könnte man es mit einer dieser „magischen Nächte" vergleichen, wo sich ein Junge und ein Mädel begegnen und den ganzen Abend umeinander herumschleichen. Sie lächeln sich an, flirten miteinander und zum Abschied gibt der Junge dem Mädel einen schnellen Kuss auf die Wange und verschwindet in der Nacht. In dieser Nacht hatte ich mich in Jesus verliebt und ich wollte alles machen, um ihn wieder zu treffen.

In den folgenden Wochen bin ich immer wieder zum „Jesus-Abhäng-Abend" gegangen. Ich fühlte mich dort einfach wohl und zu Hause. Bis dahin war Gemeinde für mich ein Ort, wo ich mit meinen geistlichen Angelegenheiten hingehen konnte. In der Gemeinde gab es alles, was es „draußen" in der Welt auch gab – nur eben in der christlichen Version. Mit meinem Alltag hatten Gott und Gemeinde eigentlich nicht viel zu tun und ich sah auch nie die Notwendigkeit, das irgendwie miteinander zu verbinden. In der Anskar erlebte ich, dass beide Welten eigentlich cool sind und ich in beiden Welten zu Hause bin. Bei den Freaks erkannte ich, dass es keine zwei Welten gab. Alles, was geschah und gemacht wurde, fand in der Gegenwart Gottes statt. Gott fand wohl bei weitem nicht alles gut, was wir machten, und für vieles werden wir uns später am Jüngsten Tag noch lange mit ihm unterhalten müssen. Aber Gott liebte uns so, wie wir waren, und wir waren verknallt in Jesus. Es gibt so einen schönen Spruch: „Gott liebt uns so, wie wir sind. Aber er liebt uns zu sehr, als dass er uns so lässt, wie wir sind ..." Das habe ich in den nächsten Wochen und Monaten erlebt – bis heute!

Ostern 1994 entschied ich mich, fest bei den Jesus Freaks Hamburg einzusteigen und verbindlich mitzuarbeiten. Damals gab es in Deutschland noch zwei andere Jesus-Freaks-Gruppen und irgendwie kamen wir auf die Idee, dass es Zeit wäre, „Jesus Freaks International" zu gründen. Von Anfang an haben wir immer groß geträumt und waren der festen Überzeugung, dass Jesus Freaks mal richtig fett wird und es überall Gruppen geben wird.

Seitdem bin ich für „Jesus Freaks International" in verschiedenen Bereichen tätig. Das ganze Ding ist immer in Bewegung und Veränderung und somit auch mein Job.

Mittlerweile gibt es im deutschsprachigen Raum fast hundert Jesus-Freaks-Gemeinden und auch in anderen Ländern starten immer mehr Gemeinden. Das „International", das wir uns damals auf die Fahne geschrieben hatten, wird mehr und mehr Realität. Wir stellen immer wieder fest, dass das, was damals Anfang der Neunziger passiert ist, gleichzeitig an vielen anderen Orten auf unserem schönen Planeten geschehen ist. Überall auf der Welt fingen junge Menschen an, mit Gott ganze Sache zu machen. Sie hatten Sehnsucht nach mehr, nach dem echten Leben. Plötzlich gab es überall junge Gemeinden ähnlich den Jesus Freaks.

Jesus Freaks sind deutsch und der „Segen und Fluch der Deutschen" ist, dass wir alles organisieren können. Relativ früh fingen wir an, unsere Gruppen in Deutschland zu vernetzen und eine Struktur aufzubauen, die Wachstum und gemeinsame Stärke verband.

In diesem Buch geht es ja um „junge neue Gemeinden". Keine Ahnung, ob wir eine junge Gemeinde sind. Als wir damals mit den Freaks angefangen haben, waren wir alle zwischen siebzehn und neunzehn Jahre alt und ich war zweiundzwanzig, als ich das erste Freakstock organisierte. Jung waren wir, aber ob wir so neu waren, lässt sich schwer sagen. Ein Theologiestudent bei uns meinte mal, dass wir die lutherischste Gemeinde in Deutschland seien, die er kenne – wenn man von dem ausgeht, wie Luther sich Gemeinde und das Leben mit Gott so dachte.

Im Laufe der Zeit hat sich einiges verändert bei mir und den Jesus Freaks. Ich bin nun verheiratet, bin um 23 Uhr müde und möchte ins Bett. Und wenn ich mal Fußball spiele, muss ich nach fünf Minuten ans Sauerstoffgerät ... Kurz, ich bin „alt" geworden. Ich habe mich damals immer gefragt, was wohl mit den Jesus Freaks und mir in zehn Jahren sein wird. Ich hatte echt keine Idee oder Vorstellung von dem, was mal kommen könnte ... aber es war mir auch nicht so wichtig.

Mir ging es immer um das „gerade jetzt". Ich wollte nie auf irgendetwas warten – ich wollte alles immer sofort. Auf meiner Reise mit Jesus habe ich eine Menge erlebt und gelernt. Einige Erfahrungen hätte ich mir gerne erspart – aber im Ganzen würde ich denselben Weg noch mal gehen.

Vor kurzem habe ich einen Artikel von mir gelesen, den ich mit zweiundzwanzig geschrieben habe. Darin rief ich die Leser auf, nicht auf irgendetwas zu warten, bis man anfängt, mit Jesus die Welt zu verändern. Es ging darum, dass es kein „zu jung" gibt bei Jesus. Dieses Zu-jung-Fühlen habe ich so oft bei Leuten festgestellt. Und ich habe immer wieder Jugendliche getroffen, die auf irgendwas gewartet haben. Dieses Warten lähmte sie so sehr, dass sie gar nicht gesehen haben, was Gott so alles in ihrem Leben machen wollte.

Ich weiß nicht, wo du gerade auf deinem Weg mit Jesus stehst oder was dich gerade beschäftigt, aber ich möchte dir gerne ein paar Gedanken mit auf deinen Weg geben, die mir ziemlich geholfen haben.

Sei ehrlich und treu

Auf meinem Weg mit den Jesus Freaks habe ich sehr viele Weggefährten gehabt, die mit Feuer und Flamme losgelaufen sind und irgendwann plötzlich auf der Strecke geblieben sind. Es ist wichtig, zu wissen, dass alles, was wir machen, ein Marathonlauf ist und kein Sprint. Ich kann dir nicht sagen, wie du deinen Lauf vollenden wirst, aber einen kleinen Tipp kann ich dir geben: Solange du auf Jesus schaust, läufst du in die richtige Richtung.

Manchmal stelle ich mir selber die Frage, warum ich noch renne und nicht aufgegeben habe. Was ist bei mir und all den anderen anders gewesen? Hatte Gott bei mir mehr Gnade? Sicher nicht – Gott liebt jedes seiner Kinder gleich, immer hundert Prozent. Aber ich habe einen Punkt entdeckt, worin sich die Läufer und die Leute, die nicht mehr unterwegs sind, unterscheiden: Ehrlichkeit! Ehrlich sein gegenüber Gott und Menschen. Zu viele Christen spielen eine heile „heilige Welt" vor und sind innerlich eigentlich kaputt und leer. Aus irgendwelchen Gründen haben wir Christen den Anspruch, dass es im Leben keine Probleme geben darf. Alles ist super und in Farbe. Ich könnte manchmal kotzen, wenn ich Gemeinden erlebe, in denen alle glücklich und erlöst lächeln, obwohl ich die tragischen Geschichten einzelner Personen kenne.

Jesus Freaks waren für mich immer ein Ort, wo ich meine Beziehung zu Gott ehrlich leben konnte – in guten wie in schlechten Zeiten. Auf meinem Weg hatte ich immer zwei, drei Leute, die alles von mir wussten. Ich habe immer Weggefährten an meiner Seite, die mir komplett in mein Leben sprechen dürfen – gerade auch unangenehme Sachen ... Ich höre zwar nicht immer auf sie oder schreie gleich: „Halleluja!", aber ich weiß, dass dadurch mein Herz mehr und mehr verändert wird.

Es geht um Menschen

Dieser Punkt ist eine sehr wichtige Lektion in meiner Geschichte. Irgendwie definiert man Erfolg oft durch die Anzahl von Menschen – vor allem an Menschen, die erfolgreich und schön sind. Mir ist beim Freakstock 2004 zum ersten Mal bewusst geworden, dass wir nicht 7000 Leute auf dem Gelände haben, sondern 7000 einzelne Geschichten. In den Jahren vorher habe ich oft auf die Masse geschaut. Ich bin auch ein Freund von „Masse statt Klasse"-Partys. Aber ich habe nie wirklich wahrgenommen, dass es einzelne Menschen mit eigenen Wünschen, Erfahrungen und Vorstellungen sind. Ich würde jetzt nicht sagen, dass ich ein gefühlskalter Gemeindeleiter war, aber mir ging es sehr lange darum, die perfekten Strukturen zu finden und alles zu optimieren, was man nur organisieren kann.

Dabei sind viele meiner Weggefährten zu kurz gekommen und letzten Endes ich selber auch. Dadurch waren wir nicht mehr gemeinsam unterwegs – sondern haben gemeinsam gearbeitet. Und das ist ziemlich armselig und einsam.

Jesus hat seine Jünger „Freunde" genannt. Er war Gottes Sohn, hatte seine Schäfchen bei sich und nannte sie Freunde. Wie viel mehr könnten wir unsere

Schäfchen „Freunde" nennen – und sie auch so behandeln? Als Leiter muss ich nicht perfekt sein und alles besser können. Ich bin einfach Leiter, weil ich die Gabe der Leitung habe und fertig. Eine schöne Weisheit, die mir auf den Weg mitgegeben wurde, ist, dass ein Leiter für die Gemeinde da ist und nicht die Gemeinde für den Leiter. Sei einfach Mensch, und sei mit Menschen unterwegs.

Gemeinde ist eine ewige Baustelle

In der Gemeinde und im eigenen Leben ist man immer in der Versuchung, alles unter Dach und Fach zu bekommen, um dann wirklich anzufangen. Wenn ich überlege, wie viele Treffen und Gespräche ich nur deswegen hatte, wie man die Gemeinde nun an den Start bekommt und endlich mal „fertig" hat. „Wenn erst mal alle aus der Gemeinde in einen Hauskreis gehen oder wenn es in der Gemeinde mal endlich saubere Beziehungen gibt und keiner mehr im falschen Bett aufwacht, wenn die Gerüchteküche endlich mal stillgelegt wurde und alle in der Gemeinde einen Bibelleseplan haben und Jesus mit Herz und Hand folgen ... dann können wir endlich anfangen und Reich Gottes bauen."

Jesus hat mit zwölf „Pennern" das Reich Gottes gebaut – und er war damit zufrieden. Er war mit seinen Leuten einfach unterwegs, hat sich über sie geärgert und, ich wette, auch ziemlich oft kaputtgelacht.

Wir haben vom ersten Tag an Gottes Reich gebaut. Wir waren immer im Fluss Gottes – klar haben wir Sachen falsch gemacht und waren unheilig. Aber unsere Herzen gehörten immer hundert Prozent Gott und wir wollten alles von ihm. Mir kommt es fast wie ein Fluch vor, dass wir nie zufrieden waren mit dem, was wir hatten. Wir haben so viel Zeit und Kraft in Dinge gesteckt, um die sich Gott von ganz alleine gekümmert hätte. Das ist so, als ob man probiert, das Wasser die Niagarafälle hinunterzuschaufeln. Klar kann man das machen und klar kann man das organisieren – aber das Wasser würde so oder so hinunterfließen.

So ist es meiner Erfahrung auch mit vielen „wichtigen" Dingen in der Gemeinde. Menschen, die Gott lieben und nachfolgen, verändern sich ... und machen Fehler. Aber Gott verändert seine Kinder und kümmert sich darum, dass jeder auf seinem Weg bleibt.

Als Leiter muss ich nur darauf achten, dass alle Schäfchen auf der Wiese sind und dass sie genug zu futtern haben – aber fressen müssen die Schafe alleine, das sollte nicht unsere Aufgabe sein. Mein Ziel ist es mittlerweile, die Leute um mich herum zu mündigen Christen zu fördern ...

Selbst Entscheidungen treffen

In den ersten Jahren, die ich bei den Jesus Freaks verbracht habe, habe ich mich oft als „zu sauberen Freak" empfunden. Ich hatte keinen krassen Drogen-Background und selbst geraucht hatte ich bis dahin noch nicht ... das kam dann alles leider ein bisschen später. Irgendwie gibt es diese Gedanken, dass man bei bestimmten Themen nur mitreden – oder anderen helfen – kann, wenn man dieses oder jenes selber gemacht oder erlebt hat. Man denkt, man müsse eigene Erfahrungen sammeln. Ich glaube, das ist ganz großer Mist. Ich muss nicht alles selber ausprobieren, um dann festzustellen, dass es schlecht für mich oder mein Umfeld ist. Was ich brauche, sind eigene Entscheidungen. Ich muss wissen, warum ich was glaube und warum ich was mache – oder eben nicht.

Die anderen sind anders

Irgendwie liegt es in der Natur des Menschen, sich mit anderen zu vergleichen und im Kopf so eine Art Rangliste zu führen. Ich weiß noch, dass ich früher in der Grundschule immer der Zweitstärkste war. Heiko war immer der Stärkste, aber es gab noch fünfzehn andere, die schwächer waren als ich.

Später habe ich dann angefangen, meine Meinungen und Überzeugungen mit denen anderer zu vergleichen, um mich so in meinem Umfeld zu positionieren. Mit meinem christlichen Glauben habe ich dasselbe gemacht und in unserem Jesus-Freaks-Gemeindebau war es nicht anders. Gerade in den ersten Jahren waren wir Freaks in den Augen der „richtigen" Christen oft die „falschen". Aber wir selbst waren gar nicht anders, wir sahen uns auch als die einzig wahren Christen und wussten genau, wie es geht und was die anderen falsch machen.

Durch dieses Denken bringt man sich selber leider immer wieder ins Abseits und braucht dann eine Menge Zeit und Kraft, um wieder zurückzurudern.

Ich habe mal sechs Monate in Südostasien gelebt und da hat mir Gott eine nette Lektion beigebracht. Andere Gemeinden, andere Christen und andere Kulturen sind nicht besser oder schlechter, sind nicht richtig oder falsch ... sie sind einfach anders. Durch diese Erkenntnis kann ich heute viele Gegebenheiten einfach stehen lassen. Mein Mentor in Bern sagte mir einmal, dass ich als Leiter lernen muss, Druck auszuhalten – und das geht echt entspannter, wenn man gewisse Sachen stehen lassen kann, ohne daran kaputtzugehen.

Glaube buchstabiert man: R.I.S.I.K.O.

Gerade als Deutsche wollen wir immer alles planen und genau Bescheid wissen, bevor wir uns auf den Weg machen. Auf meinem Weg mit den Jesus Freaks habe ich eine Menge krasser Dinge erlebt. Wir sind in den ersten Jahren fast alle zwei Wochen kreuz und quer durch Deutschland gefahren, um Jugendgottesdienste zu machen. Wir sind 1995 ins Kriegsgebiet von Bosnien gefahren, um dort Konzerte zu veranstalten, haben ein Festival gemacht, weil wir auch mal selbst Backstagekarten haben wollten, und haben sechs Wochen mitten in New York City gelebt. Das Leben mit Gott ist das größte Abenteuer – wenn man sich darauf einlässt.

Wenn man immer auf der sicheren Seite sein will, wird man nichts von den heftigen Möglichkeiten Gottes erleben. Ihm ist alles möglich, sofern wir uns auf ihn einlassen. Petrus musste aus dem Boot aussteigen, um zu erleben, dass er auf dem Wasser gehen kann.

Wie auch immer, es gibt diese peinlichen Aufkleber: „No risk, no fun!" – aber in unserem christlichen Leben passt das voll und ganz. John Wimber hat immer gesagt: „Glaube wird R.I.S.I.K.O. buchstabiert!"

Wenn du wirklich etwas erleben möchtest mit deiner Gemeinde, dann lass dich auch mal auf ein Abenteuer ein und rechne nicht vorher alles mit dem Taschenrechner durch. Solange wir auf Gottes See herumlaufen, kümmert er sich auch darum – er ist schließlich Gott und das ist sein Job! Wir sind die Menschen, die er süß findet und liebt ... und umbringen will er uns seit der Sintflut auch nicht mehr. Also können wir gute Israeliten in der Wüste sein, alles von Gott erwarten und herumnörgeln.

Kein Konzept!

Am Anfang der Freaks wurden wir immer wieder gefragt, was denn mit den Freaks in zehn Jahren sein würde. Damals hatten wir keine Antwort darauf, und wenn mich heute jemand fragen würde … keine Ahnung. In zehn Jahren kann so viel passieren und sich alles verändern. Was heute wichtig ist, kann in ein paar Monaten schon so was von unwichtig sein.

In den letzten zehn Jahren habe ich jedenfalls so viele „neue" Sachen gesehen, die kurz aufgeflammt sind und dann auch wieder weg waren. Das, was die Zeit überlebt, sind coole Beziehungen. Nicht umsonst hat Jesus gesagt, dass wir unseren Nächsten lieben sollen oder dass wir an der Liebe untereinander als seine Jünger erkannt werden.

Schau dir an, was Jesus alles erzählt hat – das ist das Wichtige und dafür kannst du dich gerne auf einem Scheiterhaufen verbrennen lassen … aber alles andere ist wirklich nicht entscheidend. Wichtig ist, dass du nach deiner Überzeugung handelst und deinen Weg mit Jesus gehst. Aber erkenne, dass dein Wissen und deine Erkenntnis nur Stückwerk ist!

Ich habe viel zu viel Kraft dafür investiert, mich und die Jesus Freaks zu verteidigen – und das ist Blödsinn. Diese Kraft hätte ich einfach auf Jesus ausrichten sollen – er kümmert sich um alles und Gott ist mein Rächer – was will ich denn mehr?

Egal, was du machst und wie du es machst, in zehn Jahren wirst du dich fragen, warum du es so gemacht hast und ob du damals nur blind und doof warst. Und dann ist es schön, zu wissen, dass man eigentlich nur Jesus folgen wollte und ein bisschen übereifrig war.

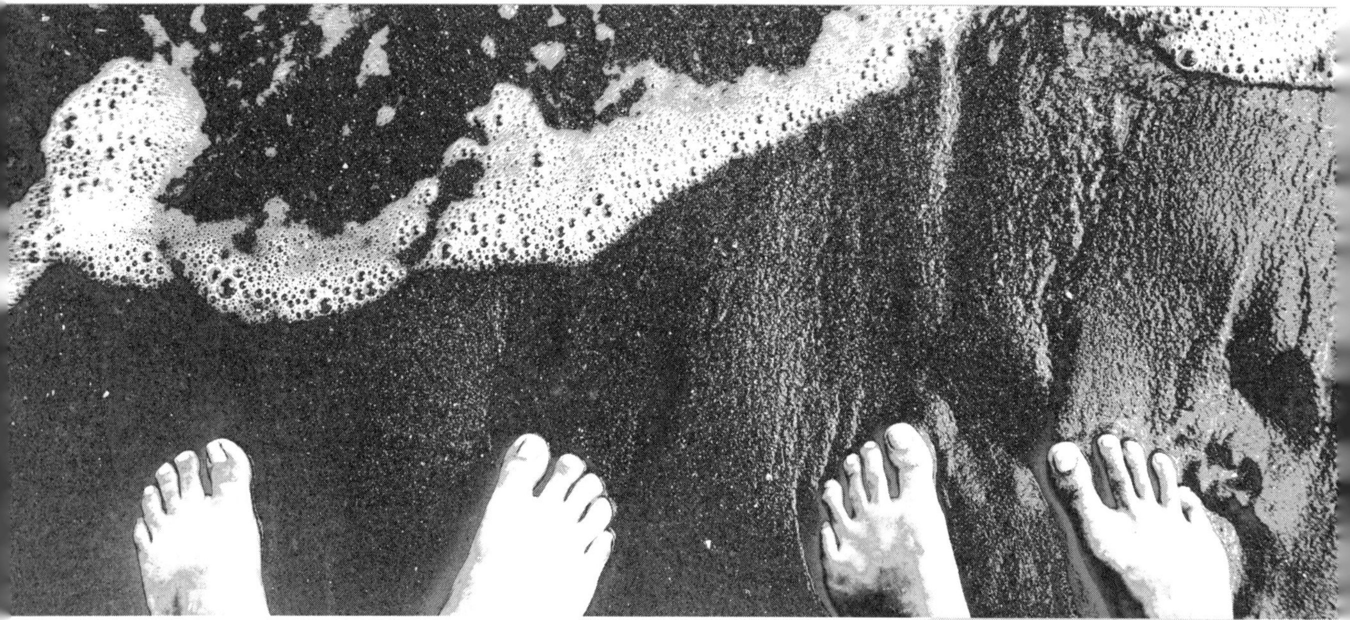

Kapitel 8

Initiativen
An den Strand eines neuen Zeitalters gespült: Kubik

→

Mark Reichmann ist Dichter, Denker, Musiker und Installationskünstler und initiiert und unterstützt neue Ausdrucksformen von Kirche. Neben seiner Arbeit bei Kubik berät er Gemeinden und Leiter und gestaltet interaktive Anbetungs- und Gottesdienstkonzepte. Darüber hinaus ist er Teil eines internationalen Teams um den Londoner Künstler Rob Pepper, mit dem er derzeit die multimediale Wanderaustellung „Doxology" entwickelt. Mark lebt mit seiner Frau Nadine und Sohn Noah in Karlsruhe. Er teilt sein Leben mit euch unter www.Pfaffe3000.de.

An den Strand eines neuen Zeitalters gespült: Kubik

Von Mark Reichmann

Der Cappuccino ist perfekt, denke ich, als ich den Kakaostaub aus der Milchschaumkrone löffle. Es ist früh am Abend und das Café noch leer. Nur eine Handvoll Leute ist mit dem Aufbau für den Gottesdienst beschäftigt, der hier später stattfinden wird. Ich selbst steuere ein paar Texte bei, die ich jetzt noch einmal durchgehen will. Mein Blick schweift durch den Raum, über die Theke, die leeren Stühle, die Wände. All das ist voll gepackt mit Erinnerung: Bilder und Filmsequenzen schießen durch meinen Kopf. Eingehüllt von verträumter elektronischer Musik aus den Lautsprechern über mir, verliere ich mich in meinen Erinnerungen:

Es ist fast fünf Jahre her, als wir mit sechs Freunden *Kubik* ins Leben riefen. Jeder von uns hatte seine eigene wundervolle Geschichte mit Gott erlebt, dann aber genauso seine eigene desillusionierende Erfahrung mit Gemeinde gemacht.

Irgendwo unterwegs hatten wir uns getroffen und gespürt, dass wir dieselbe Sehnsucht in uns trugen.

Wir sehnten uns nach einem geistlichen Zuhause, wo wir unseren Glauben authentisch und alltagsnah leben und unseren Freunden zeigen konnten, was wir gefunden hatten. Zu lange hatten wir in zwei Welten gelebt, waren hin- und hergerissen zwischen unserer und der traditionellen Gemeindewelt, die so ganz anders war. In unserer Welt und der unserer nichtchristlichen Freunde konnten wir einfach wir selber sein: Wir teilten dieselben Interessen und Leidenschaften, lachten über denselben schwarzen Humor und träumten dieselben Träume. Der einzige Unterschied war unser Glaube.

In der Gemeindewelt hingegen war die einzige Gemeinsamkeit der Glaube, der Rest des Lebens war eher befremdlich und fern. Wenn man nicht über Gemeinde und Glauben sprechen konnte, gingen schnell die Gesprächsthemen aus. Irgendwie fühlte man sich ständig fehl am Platz und nicht wirklich dazugehörig. Dabei war es nicht so, dass wir es nicht alle probiert hätten. Über Jahre hatten wir verschiedene Gottesdienste und Hauskreise besucht und, so gut es ging, am Gemeindeleben teilgenommen. Aber wir wurden nie wirklich heimisch. Wir engagierten uns in den verschiedensten inner- und außergemeindlichen christlichen Jugendarbeiten und Jugendkreisen. Diese kamen zwar etwas beweglicher und zeitgemäßer daher, gingen aber letztlich von der Annahme aus, dass es sich bei der Kluft zwischen der Alltagswelt und der Gemeindewelt, die wir empfanden, lediglich um ein temporäres Problem handelt. Die gemeindliche Jugendarbeit sollte der Spielplatz sein, auf dem sich die „jungen Wilden" kontrolliert austoben konnten, bis sie sich dann schließlich beruhigt hatten und artig in die Hauptgemeinde integrieren ließen.

Doch solange wir auch tobten, wir wurden nicht ruhiger, und irgendwie bemerkten wir, dass das Problem tiefer lag. Unsere Verbindung und Vernetzung mit verschiedenen Jugendkulturen war mehr als eine Laune, die mit den Jahren langsam verblasste. Unsere Art, zu leben und das Leben zu verstehen, unterschied sich einfach grundsätzlich vom Leben in der traditionellen Gemeinde. Wir schätzten und liebten die Menschen dort und waren dankbar für das geistliche Fundament, das sie in uns gelegt hatten. Doch wir begriffen mehr und mehr, dass uns die Geschichte an den Strand eines neuen Zeitalters gespült hatte. Wir lebten wirklich zwischen zwei Welten: zwischen der postmodernen Welt unserer Freunde und der Gemeindewelt, die im Wesentlichen modern geprägt war. Wir konnten und wollten niemandem einen Vorwurf machen. Wir waren einfach in einen gesellschaftlichen Wandel hineingeboren, so dass die Welt unserer Eltern nicht mehr unsere eigene Welt war.

In unserem Bekanntenkreis beobachteten wir eine große Offenheit gegenüber unserem Glauben und eine leidenschaftliche Suche nach spirituellen Erfahrungen. Allerdings konnten moderne, auf Wissensvermittlung und Lehre ausgerichtete Gemeinden diesem Hunger nicht begegnen. Im postmodernen Informationszeitalter hat der Besitz von Wissen seine Faszination verloren. Das Wissen der Welt steht uns per Mausklick zur Verfügung und eine Religion, die sich auf Vermittlung von geistlichem Wissen konzentriert, wird gar nicht erst als Quelle lebendiger Spiritualität in Betracht gezogen.

Darüber hinaus schien ein echtes Kommunikationsproblem zu bestehen. Das Wort Gottes als Zentrum des christlichen Glaubens führte im modernen Blickwinkel zu der Annahme, dass Worte die einzig mögliche Form seien, um Wissen zu fassen und Informationen zu vermitteln. Diese Art der Kommunikation wirkt jedoch auf die vom Computerbildschirm geprägte Generation der Zwanzig- bis Dreißigjährigen unattraktiv und ausdruckslos.

Das Internet als multimediales Dach, unter dem sich alte und neue Medien ineinander auflösen und vermischen, hat die Art, wie wir Information aufnehmen, total verändert. Information ist nicht mehr länger linear, sondern ein Labyrinth aus Verweisen und Links. Sie begegnet uns in sich überlagernden Fenstern und Ebenen und in jedem erdenklichen Kommunikationsmedium. Es gilt, durch die Flut an Information zu navigieren und durch die bewusste Nutzung von Medien zu finden, was man sucht.

Je bewusster wir diese Veränderungen in der Gesellschaft und in uns wahrnahmen, desto mehr verstanden wir das Unbehagen, das wir manchmal in der Gemeinde verspürten. Viele Gottesdienstelemente oder missionarische Aktionen wie Straßeneinsätze waren uns fremd und schienen eher unpassend und peinlich. Wir hatten keine Alternativen und Antworten parat, aber wir spürten, dass es Zeit wurde, sie zu suchen. Mittlerweile waren wir alle in einer jungen innovativen Gemeinde gelandet, die uns jedoch ermutigte, weiter an unseren Träumen festzuhalten, und uns dabei ideelle und finanzielle Unterstützung versprach. So starteten wir 2001 Kubik ...

Eine vertraute Stimme zieht mich zurück in die Gegenwart: „Mark! Weißt du, wo die Kiste mit den Verlängerungskabeln ist?“, fragt mich Denis. Mit ihm und ein paar anderen habe ich den Gottesdienst für den heutigen Abend geplant. „Nee, keine Ahnung!“, antworte ich. Ich schaue mich um und lächle über die übliche Vorbereitungshektik. Da werden Möbel verrückt, Gebetsstationen aufgebaut und in Szene gesetzt und die Inhalte aufeinander abgestimmt. Irgendwie ist jeder Gottesdienst ein Abenteuer mit dem Flair einer Generalprobe, und ich bin manchmal selber erstaunt, welches kreative Feuerwerk wir hier Freitag für Freitag abbrennen. Doch das war nicht immer so.

Zunächst unterschied sich unser Gottesdienst in der Form kaum von dem, was wir aus anderen Gemeinden kannten. Kerninhalte waren eine musikalische Lobpreiszeit und eine thematisch ausgerichtete, frontale Predigt. Der Ablauf war linear und wiederholte sich jede Woche.

Das Erste und Kostbarste, was unsere Treffen für uns jedoch von Anfang an eroberten, war Authentizität. Wir mussten uns nicht verstellen, sondern konnten miteinander und mit Gott so umgehen, wie es unserer Persönlichkeit entsprach. Wir redeten offen über unsere Probleme, Ängste und Zweifel und lachten im nächsten Moment über eine blöde Bemerkung, die jemand in die Runde warf. Diese Ehrlichkeit und Offenheit im Umgang mit Gott und miteinander waren in vielen Punkten die Basis für alles, was sich in den kommenden Jahren entwickeln sollte.

Eine weitere Entdeckung, die wir schon recht früh machten, war die Wichtigkeit von Atmosphäre und „heiligen Räumen“. Es war uns wichtig, Räume auch äußerlich als geistlichen Erlebnisraum zu gestalten und eine Atmosphäre zu schaffen, in der man sich wohl fühlen konnte. Als wir noch keine eigenen Räume hatten, bedeutete das zum Teil einen erheblichen Aufwand. Wir stellten die Stühle zur Seite, legten alte Perserteppiche aus, ließen die Rollläden herunter und dimmten die Beleuchtung. Schwarzlicht ließ die langen weißen Stoffvorhänge an den Fenstern blau glimmend leuchten. Ein alter Overheadprojektor, der ebenfalls mit einer Folie abgedunkelt war, warf ein Bild an die Wand, das zum Thema des Abends passte.

Für uns hatte der Raum so eine Atmosphäre, die uns half, zur Ruhe zu kommen und uns frei und unbeobachtet zu fühlen. Uns ging es vor allem darum, dem Einzelnen die Begegnung mit Gott zu erleichtern. Unsere noch nicht gläubigen Freunde mochten die Atmosphäre sehr. Für manchen christlichen Besucher war sie jedoch eher irritierend, vor allem, weil sowohl die Band als auch der Prediger im Halbdunkel nicht mehr gut zu erkennen waren.

Die Suche nach unserem Ausdruck von Gemeinde brachte uns schnell dazu, die Form unserer Lobpreis- und Anbetungszeiten zu hinterfragen. Wir begannen, eigene Lieder zu schreiben, die sowohl musikalisch als auch inhaltlich eher unseren Geschmack und unser Lebensgefühl widerspiegelten als gängige Lobpreismusik. Nach und nach entstanden so verschiedene Bandprojekte und unser eigenes Liedrepertoire. Doch damit nicht genug. Wir suchten auch nach Formen außerhalb des gemeinsamen Singens. In der Anfangszeit von Kubik legten wir dazu oft einfach nur entspannte elektronische Musik auf und mischten Bibelverse und Fetzen von Predigten hinein, die wir auf alten christlichen Schallplatten vom Flohmarkt fanden. Die Leute lagen einfach mit geschlossenen Augen auf dem Boden, hörten zu oder beteten. Irgendwann begannen wir hin und wieder in Lobpreiszeiten interaktive Stationen zu verwenden, die Leute anleiteten, ihren eigenen Ausdruck gegenüber Gott zu finden.

Unberührt von all unseren Experimenten blieb zunächst jedoch die Predigt. Während unser Lobpreis längst multimedial ausgerichtet war, alle Sinne ansprach und oftmals Möglichkeiten zur Interaktion enthielt, bestand die Predigt weiterhin aus einem frontalen, zusammenhängenden, dreißig- bis fünfzigminütigen Lehrvortrag.

Natürlich arbeiteten wir auch hier immer wieder mit kreativen Elementen, um die Botschaft zu verdeutlichen. Gabi zum Beispiel sprach einmal über Kubik als unserem Zuhause. Während sie predigte, zog sie sich nach und nach ihre Zuhausewohlfühlklamotten an, bis sie am Ende der Predigt in Jogginghosen, Filzpantoffeln und einem viel zu großen T-Shirt vor uns stand. Ich selber sprach einmal über den Alten Bund und Opfer und brutzelte dabei vor mir ein Steak in einer großen Bratpfanne. Trotzdem bestand die Predigt als solche fort. Das änderte sich erst mehr und mehr, als wir begannen, die einzelnen Gottesdienstelemente thematisch aufeinander abzustimmen. Das Thema des Abends sollte auf allen Ebenen kommuniziert werden: von der Raumdekoration über den Lobpreis bis hin zur Predigt. Von diesem Gedanken ausgehend, begannen wir die Predigt immer öfter nicht mehr an einem Stück vorzutragen, sondern teilten sie in verschiedene Teile, die manchmal auch von mehreren Leuten vorbereitet wurden. Wir verließen den linearen Ablauf und so vermischten sich die einzelnen Elemente immer stärker und verschmolzen mehr und mehr zu einem ganzen multimedialen und multisensorischen Erlebnis.

Im Rückblick lässt sich sagen, dass wir uns und unsere Gottesdienstkonzepte ständig hinterfragten und veränderten. Wir waren und sind auf der Suche nach unserer Kirche, immer noch. Mit der Eröffnung unseres Cafés ergaben sich neu konkrete Umsetzungsmöglichkeiten für ein ganzheitliches monastisch-klösterliches Gemeindekonzept, von dem auch Markus im vorhergehenden Kapitel erzählt.

Das Café fungiert dabei als Anlaufstelle und geistliches Zentrum mit einer Vielzahl von verschiedenen spirituellen Angeboten. Obwohl der Hauptfokus unserer Arbeit mittlerweile nicht mehr auf Veranstaltungen, sondern auf einem gemeinsam gelebten geistlichen Rhythmus liegt, ist der Gottesdienst ein Höhepunkt im Gemeindeleben geblieben.

Mittlerweile ist es kurz vor 20 Uhr. Langsam füllt sich das Café mit vielen bekannten und unbekannten Gesichtern. Die lautstarken Unterhaltungen werden lediglich manchmal vom sympathischen Fauchen der Kaffeemaschine übertönt. Der Gottesdienst hat begonnen ... Eine halbe Stunde später tritt Nadine ans Mikrofon und bringt mit einer kurzen Begrüßung alle dazu, sich einen Sitzplatz zu suchen. Mit einem Gebet steigen wir in das Thema des Abends ein: „Stadt-Paradies, Leben mit Gott im urbanen Alltag“.

Der erste Teil soll die Leute in der Hektik und Unruhe der Woche abholen, aus der sie kommen, und ihnen helfen, zur Ruhe zu finden und sich auf Gott auszurichten. Ein Videoclip zeigt eine Zeitrafferaufnahme eines Tages in der Stadt: Verkehr, Menschenmassen, Hektik. Untermalt von schneller, aggressiver Musik von Radeks Plattenteller, lese ich einen Text über die Unruhe und Entzweiung in der Stadt. Dabei geht es darum, sich als Stadtbewohner zu begreifen und unser persönliches Bedürfnis nach Gott zu erkennen:

Wir versammeln uns, Kinder der Stadt, ruhelos sind wir, aufgewühlt, doch müde. Der Alltag reißt uns mit sich, spielt unser Leben im Zeitraffer. In schnellen Schritten stürmen wir durch unseren Tag, setzen wie in Trance unsere Schritte voreinander. Der Kopf wiegt schwer, schwimmt sich durch zähe Gedankensuppe, sucht Klarheit, doch findet sie nicht. Tausend Stimmen prasseln auf uns ein, rufen uns vom Rande zu, was wir tun und lassen müssen, und verschmelzen mit dem tosenden Lebenslärm der Straßen zu einem permanenten Rauschen in uns ...

Wir versammeln uns, Kinder unserer Stadt, entzweit sind wir! Wir leben Tür an Tür, doch wir kennen uns nicht. Wir leiden, kämpfen und sterben nebeneinander, doch reichen uns nicht die Hand. Wir trauen uns nicht, uns zu trauen, denn wir trauen uns nicht. Wissend um die Gier und den Neid in uns, bleiben wir in sicherer Distanz. Kein Lächeln, keine Geste der Menschlichkeit, nur der gleichgültige Blick einer Masse, in der wir selber nur ein Gesicht von vielen sind.

Es ist Zeit, wieder Mensch zu sein. In einer Welt aus Stahl, Beton und Glas uns wieder als Wesen aus Fleisch und Blut zu begreifen; zu erkennen, dass wir Geschöpfe sind – endlich, doch einzigartig!

Wir versammeln uns als Kinder der Stadt, um ihr den Rücken zuzudrehen, ihrem Strudel zu entsteigen und die klare Luft der Stille zu atmen. Wir wollen uns selber wieder nahe kommen, um dir, Gott, nahe kommen zu können. Es ist Zeit, in uns zu hören: Leben wir noch? Atmen wir noch?

Zu Beginn des Abends haben wir jedem Ohrstöpsel gegeben. Als ich alle auffordere, diese zu benutzen, wird die Musik langsam ausgeblendet. Alles, was man jetzt noch hören kann, ist das eigene Atemgeräusch. Eine Meditation wird an die Wand projiziert, sie greift indirekt die biblische Forderung an uns auf, den geistlichen Menschen anzuziehen:

Atme ein: Liebe............................ atme aus: Hass
Atme ein: Freude.......................... atme aus: Sorgen
Atme ein: Frieden......................... atme aus: Stress
Atme ein: Geduld......................... atme aus: Ungeduld
Atme ein: Sanftmut...................... atme aus: Hartherzigkeit
Atme ein: Freundlichkeit............. atme aus: Launigkeit
Atme ein: Güte............................. atme aus: Zorn
Atme ein: Treue........................... atme aus: Selbstsucht
Atme ein: Selbstkontrolle............ atme aus: Zügellosigkeit

Am Ende der Meditation könnte man im Café eine Stecknadel fallen hören. Niemand traut sich mehr, sich zu bewegen. Dann kommt Philipp ans Mikrofon. Er hat eine Geschichte geschrieben, die, angelehnt an 1. Mose, einen Tag im Paradies beschreibt. Es wird geschildert, wie Gott mit dem Menschen im Paradies spazieren geht. Philipp fährt fort:

Das war damals. Am Anfang.
Damals, als die Erde noch frisch und rein war.
Damals, als die Menschen und Gott noch eine unzertrennliche Einheit bildeten.
Damals, als Gott noch mit den Menschen im Garten spazieren ging.

Doch Gott ist derselbe: gestern, heute und in Ewigkeit.

Bei Gott ist immer noch die Ruhe des Gartens zu finden.
Bei Gott ist immer noch der Baum des Lebens,
die Früchte der Freude und das Leben in Zufriedenheit.

Bei Gott ist immer noch das Leben im Überfluss zu finden –

auch in der Stadt.

Dort, wo wir aus dem Schmutz, Gestank und Lärm der Stadt auf unsere Knie fallen, um ihn zu rufen,
dort, wo wir zur Ruhe kommen, um ihn zu treffen,
dort, wo wir uns auf die Suche machen nach dem Leben und nach Gemeinschaft mit ihm,
da begegnet er uns.
Da erfrischt er uns.
Da gibt er uns Leben und Ruhe und Kraft.
Da können wir wieder mit ihm spazieren gehen und ihm von unserem Leben erzählen.
Da können wir uns freuen, genießen und hoffen.

Jetzt – ist er da!
Hier!

Anschließend können sich die Gottesdienstbesucher frei im Café bewegen, um das Gehörte interaktiv zu erleben. Verschiedene Stationen helfen dabei, sich in den Garten Gottes zu versetzen, um in seiner Nähe neue Kraft zu schöpfen und Weisung für unser Leben zu empfangen: In der Loungeecke hängen golden angesprühte Zweige mit grünen Filzblättern von der Wand. Sie symbolisieren den Baum des Lebens. Unter seinem Blätterdach ist auf einem Glastisch ein Obstbüfett aufgebaut. Hier kann man als Symbol für Segen und neue Kraft von Gott verschiedenste Obstsorten genießen und für sich beten lassen. Zu diesem Zweck haben wir verschiedene Segensgebete vorbereitet, die man sich gegenseitig zusprechen kann.

Eine andere Station beschäftigt sich mit Gottes Sicht von uns. Wir sehen uns oft anders, als uns Gott sieht, und brauchen immer wieder Gottes Perspektive auf unser Leben, um unseren eigenen Blick geradezurücken. Um dies zu verdeutlichen, haben wir unter der Decke eine Videokamera befestigt, deren Bild auf einen Fernseher übertragen wird, der von Spiegeln umringt ist. Symbolisch wird so Gottes Sicht auf uns aus himmlischer Perspektive unserer persönlichen Sicht gegenübergestellt. Um die Station herum hängen Kärtchen mit verschiedenen Bibelversen von der Decke, die unsere Identität in Gott thematisieren.

Eine dritte Station beschäftigt sich mit der Frage der Prioritäten in unserem Leben. Wir müssen immer wieder aus dem hektischen Leben der Stadt in die Stille vor Gott zurückkehren, um in unserem Alltag nicht die wesentlichen Dinge aus den Augen zu verlieren. Was ist dir wichtig? Wofür lebst du? Diese Fragen stellt die Station. Man muss dazu mit einer Lupe eine Fläche absuchen, auf der verschiedene Begriffe stehen, die mit bloßem Auge nicht lesbar wären. Aus diesen Worten gilt es die herauszusuchen, die man persönlich für wichtig hält. Auf einer weißen Säule kann man diese Worte dann aufschreiben.

Es bleibt den Leuten in dieser Zeit völlig freigestellt, ob sie keine, alle oder nur eine Station benutzen. Nach etwa einer halben Stunde tritt Philipp erneut ans Mikrofon, um den offenen Teil abzuschließen. Die Leute nehmen wieder Platz, und im letzten Teil des Gottesdienstes thematisieren wir den Weg aus dem Garten, einem Ort der Intimität mit Gott, zurück in die Stadt. Wie zu Beginn des Gottesdienstes zeigen wir ein Zeitraffervideo aus der Stadt. In atemberaubender Geschwindigkeit rast man durch vertraute Straßen, als Philipp liest:

Irgendwann müssen wir zurück in die Stadt.
Unsere Stadt, Karlsruhe.
Die Stadt mit dem eigensinnigen Straßensystem.
Wir müssen wieder durch die Straßen hasten, von Termin zu Termin.
Wir müssen uns wieder dem Schmutz, Gestank und Lärm der Straßen aussetzen.
Straßen von Karlsruhe – unserem Karlsruhe.

Aber der Garten hat unseren Blick verändert!
Denn Gott ist nicht nur im Garten.
Gott ist auch auf den Straßen zu finden.

Zwischen den Häusern.
In einzelnen Menschen.
Sein Wind weht auch durch unsere Stadt.
Seine Gegenwart ist erlebbar
in jedem Aufzug, Zimmer oder Flur,
an jeder Straßenbahnhaltestelle, jeder Kreuzung,
in jedem Einkaufszentrum oder Büro,
in jeder Wohnung, jedem Club oder Café.

Entdeckst du ihn?
Entdecke Gott in deiner Stadt
zwischen Beton und Asphalt!
Entdecke Menschen, die ihn widerspiegeln
zwischen Glas und Stahl!
Entdecke Freude, Kraft und Liebe
im Lichtermeer aus Neon!
Entdecke seine Schöpfung, seine Kreativität und Schönheit!
Wir können Gott auch in der Stadt begegnen!
Entdeckst du ihn?

Zurück in der Stadt, liegt uns der Geschmack der Früchte noch auf der Zunge.
Zurück in der Stadt, lacht unser Herz noch von den göttlichen Worten der Ermutigung.
Zurück in der Stadt, tragen wir das Leben Gottes noch in uns.
Zurück in der Stadt, ist Gott noch immer bei uns. Seine Worte hallen noch in unseren Ohren.
Wir können aus dem Garten etwas mitnehmen.
Wir können das Leben aus dem Garten in unsere Stadt bringen.

Zur Verdeutlichung und als Erinnerung an diesen Abend kann jeder ein Blatt von unserem Baum des Lebens mitnehmen. In Offenbarung 22 wird beschrieben, dass in Gottes himmlischer Stadt „Bäume des Lebens" stehen, deren Blätter den

Völkern zur Heilung dienen. Unsere Blätter sind Aufkleber und man soll sie an einen Ort kleben, an dem man bewusst Menschen im Alltag segnen möchte. Wir schließen den offiziellen Teil des Abends mit einem Gebet ab, doch der Gottesdienst ist noch lange nicht vorbei. Bis tief in die Nacht sitzen wir im Café, trinken Kaffee und Bionade und unterhalten uns.

Nächste Woche ist Hanna mit dem Gottesdienst dran. Dann wird alles wieder ganz anders sein ... Ich freue mich drauf!

Linktipps

www.alternativeworship.org: Hier findet ihr eine Menge mehr Infos zu Alternative Worship.

www.smallfire.org: Hier gibt es eine Zusammenstellung von Fotos solcher Alternative-Worship-Gottesdienste, unter der Rubrik „Kubik" findet ihr auch Fotos von dem hier beschriebenen Gottesdienst.

Mark Reichmanns Blog findet ihr unter www.pfaffe3000.de

Kapitel 9

Initiativen

Ein starkes Stück Kirche: Das Projekt Jugendkirche in der evangelischen Landeskirche in Württemberg

→

Anne Winter, geboren 1969, wohnt in Hessigheim bei Ludwigsburg. Sie studierte an der Missionarisch-diakonischen Ausbildungsstätte Malche in Porta Westfalica und arbeitet als Landesjugendreferentin im Evangelischen Jugendwerk in Württemberg (ejw). Neben dem Arbeitsbereich „Junge Erwachsene" ist sie dort verantwortlich für die Leitung und Koordination des *Projekts Jugendkirche*. Im Rahmen dieses Projekts werden verschiedene Modelle von Jugendkirchen und Jugendgemeinden erprobt und wird nach Wegen gesucht, wie diese ihren Platz in den Strukturen einer Landeskirche finden können.

Ein starkes Stück Kirche: Das Projekt Jugendkirche in der evangelischen Landeskirche in Württemberg

Von Anne Winter

Meine Kirche ist mir wichtig

Seit ich mich erinnern kann, gehört sie zu meinem Leben. Als Kinder sind wir jeden Sonntagmorgen kurz vor elf losgezogen zu der großen alten Dorfkirche zum Kindergottesdienst. Wie viele Lieder, wie viele unzählige Geschichten von Gott, von Jesus habe ich dort gehört, kennen gelernt und nie mehr vergessen. Ich denke an die unterschiedlichen Gruppen „unter ihrem Dach", zu denen ich gehört habe: Jungschar, Konfirmandengruppe, Mädchengruppe, Jugendkreis, Hauskreis, Posaunenchor, Jugendgottesdienstteam, Jugendchor. Wie viele Geschichten gäbe es davon zu erzählen! Ich denke an die vielen Erlebnisse, die sie mir ermöglicht hat, die mein Leben geprägt und Weichen gestellt haben und die mir keiner jemals nehmen kann. Ich denke an die vielen Orte und Räume und Möglichkeiten, die sie mir eröffnet hat, in denen ich mich ausprobieren und meinem eigenen Leben auf die Spur kommen konnte. Ich denke an all das, wo ich mich in ihr engagiert habe, wo ich für einzelne Menschen wichtig sein und sie ein Stück durch ihr Leben begleiten durfte. Und an all das, was ich selbst dabei zurückbekommen habe. Ob als fünfzehnjährige Jungscharleiterin oder heute als hauptamtliche Jugendreferentin.

Und ich denke vor allem an die *Menschen,* die ich in ihr kennen gelernt habe. Menschen, die hinter meine oft raue Schale geblickt haben, denen ich wichtig war, die mir den Glauben mit ihrem ganzen Leben nahe gebracht und mich dabei begleitet haben, einen eigenen, tragfähigen, persönlichen und reflektierten Glauben zu finden. Menschen, die mit mir über Stock und Stein gegangen sind, die an mich geglaubt und mir viel zugetraut haben, wo ich meinen Glauben und mein Zutrauen in mich schon an den Nagel hängen wollte. Menschen, die mir Freunde waren und bis heute sind. Keine Frage: „Meine" Kirche ist mir wichtig.

Manchmal könnte ich aber auch an ihr verzweifeln

Und dennoch ist da gleichzeitig auch das ganz andere: Wie oft war und bin ich wütend ihretwegen. Wie oft verzweifelt, enttäuscht, traurig! Wie oft habe ich sogar darüber nachgedacht, ob ich gehe und mir meinen Platz woanders suche.

Denn es tut mir mehr als weh und ich leide daran, wenn ich erlebe ...

- dass meine Kirche vielerorts nicht wahrnimmt, wie viele vor allem junge Menschen den Gottesdienst als „böhmisches Dorf" erleben, ohne wirkliche Bedeutung für ihr Leben, ihre Themen, ihre Fragen. Dass sie, während viele ihr längst den Rücken zugekehrt haben, weiterhin damit beschäftigt ist, ihr „Gärtchen", ihre Traditionen zu pflegen und auszubauen.
- dass meine Kirche vielerorts in ihrer Verkündigung hochgradig pluralisiert ist, während sie im Blick auf Strukturen und Ausdrucksformen enorm eingleisig, ängstlich, konservativ und unbeweglich scheint.

- dass in meiner Kirche sich vielerorts die Messlatte dafür, wie weit Veränderungen und Neuerungen gehen dürfen, an denjenigen ausrichtet, die sowieso bereits „fest im Boot" sind, nicht aber an denen, die schon lange keinen Zugang mehr zu ihr finden.
- dass meine Kirche vielerorts immer noch an der Wunschvorstellung festhält und sie als Wirklichkeit propagiert, dass der Gottesdienst am Sonntagmorgen ein „Gottesdienst für alle" und Mittelpunkt und Treffpunkt der ganzen Gemeinde sei, und dabei nicht wahrnimmt, dass die Realität schon lange eine andere Sprache spricht.
- dass meine Kirche sich vielerorts nach wie vor darauf ausruht, dass sie es von ihrer Geschichte als Volkskirche her nie nötig hatte, hinauszugehen, weil die Menschen in der homogenen Agrargesellschaft des 19. Jahrhunderts ja einfach da waren und Kirche fester Bestandteil ihres Lebens war.
- dass meine Kirche vielerorts dem Sendungsauftrag, zentrales Kennzeichen einer gesunden Kirche, keine wirkliche Bedeutung beimisst und diesen oft geringschätzend einer ganz bestimmten Frömmigkeitsprägung zuschiebt.
- dass meine Kirche vielerorts nicht wahrnimmt, dass autoritär-hierarchische Strukturen und Traditionen die Menschen heute nicht mehr erreichen, sondern dass in erster Linie das überzeugt und anspricht, was als „wahr" erfahren und erlebt wird, was alltagstauglich ist.
- dass in meiner Kirche das reformatorische Prinzip des „Priestertums aller Glaubenden", das auf eine größtmögliche Mündigkeit von evangelischen Gemeinden abzielt und Menschen innerhalb der Kirche an allen Stellen befähigen, bestärken und beteiligen will, fast 500 Jahre nach Martin Luther, nur ansatzweise umgesetzt wird.
- dass meine Kirche vielerorts nicht den Mut hat, neue Wege zu wagen, und stattdessen neue Entwicklungen ausgebremst werden und nicht die nötige Förderung und Unterstützung erfahren. Dass sie lieber am Altbewährten festhält und dabei die Augen vor der sich rasant weiterentwickelnden Wirklichkeit verschließt.

Neue Aufbrüche in den alten Mauern

Es war Anfang der 90er Jahre. Ich hatte frisch angefangen, als Jugendreferentin zu arbeiten. Vielerorts war das Jammern laut, dass immer weniger junge Menschen am Sonntagmorgen im Gottesdienst anzutreffen sind. Und dann „wagte" man einige kleine Experimente: zwei „neue“ Lieder, von Keyboard und Gitarre begleitet, oder ein Anspiel durch die Konfirmanden. Mehr war nicht drin, denn dann blieben diejenigen weg, die Sonntag für Sonntag in der Kirchenbank saßen. Und die waren nun mal das Maß aller Dinge ... Mit der Folge, dass sich nicht wirklich etwas veränderte.

Viele Ehren- und Hauptamtliche in der kirchlichen Jugendarbeit fanden sich damit nicht ab. Für sie gab es schließlich nur einen Weg: Irgendwann begannen irgendwo die Ersten, neue und eigene Angebote ganz speziell für und mit jungen Menschen zu starten und den Gottesdienst in der Jugendkultur neu zu erfinden.

Und die jungen Menschen kamen. Plötzlich waren sie da. Und da wurde es offensichtlich: Junge Menschen fragen sehr wohl nach Gott und suchen für sie stimmige Formen, Glauben zu leben und auszudrücken. Eine Bewegung, von keinem verordnet, sondern „von unten her“ gewollt, nahm ihren Anfang. Die einen steckten die anderen an – es ging wie ein Lauffeuer durch die kirchliche Jugendarbeit der württembergischen Landeskirche. Vielerorts sind neue Formen von Gottesdiensten ganz speziell für Jugendliche mittlerweile nicht mehr wegzudenken. Sie sind keine Randerscheinungen oder Sonderveranstaltungen mehr, sondern fester Bestandteil der Arbeit mit jungen Menschen in dieser Kirche geworden. Hier erleben junge Menschen offensichtlich genau das, was sie sich wünschen und was sie, wenn man sie fragt, an anderen Stellen in der Kirche vermissen.

Von einsamen Höhepunkten zu verlässlichen heimatstiftenden Angeboten

Sehr bald machte man allerdings folgende Beobachtung und Erfahrung: Oft werden Jugendgottesdienste mit viel Engagement und Aufwand betrieben. Und gerade deshalb bleiben sie vielerorts auch einsame Höhepunkte, weil mehr einfach nicht leistbar ist. Solange die Zeiträume zwischen den einzelnen Gottesdiensten aber über mehrere Wochen hinausgehen, solange sie Ausnahmeveranstaltungen und nicht die Regel sind, werden sie es nicht schaffen, jungen Menschen zum festen Bezugspunkt zu werden und damit Beheimatung zu ermöglichen. Denn Beheimatung braucht Kontinuität und Regelmäßigkeit. Beheimatung braucht verlässliche Orte, Menschen, Zeiten und Angebote.

An unterschiedlichen Stellen in Württemberg wurden Überlegungen, die genau dies aufnehmen, miteinander weitergesponnen. Gespräche wurden geführt. Tagungen wurden abgehalten. Erfahrungen aus anderen Orten und Ländern wurden mit eingebracht. Und Schritt für Schritt wurden die Ideen und Gedanken von eigenen Jugendkirchen und Jugendgemeinden immer konkreter.

Schließlich stellten die Verantwortlichen der kirchlichen Jugendarbeit einen Antrag an die Entscheidungsträger der württembergischen Landeskirche, in ihren eigenen Mauern Modelle von Jugendkirchen und Jugendgemeinden erproben zu dürfen und dafür auch die nötige Unterstützung zu erfahren. Der erste Antrag wurde abgelehnt. Die Angst war wohl zu groß, welche Folgen das haben könnte. Aber man ließ nicht locker. Ein zweiter Antrag, der noch weiter ging als der erste, wurde gestellt und schließlich befürwortet.

Das Projekt Jugendkirche in Württemberg

Das *Projekt Jugendkirche* ging am 1. Juli 2003 mit folgender Arbeitsanweisung und Zielformulierung an den Start:

„In einem Zeitraum von drei Jahren sollen an vier verschiedenen Orten in Württemberg Modellprojekte für Jugendkirchen/Jugendgemeinden entwickelt und erprobt werden. Die dabei entwickelten Modelle sollen wegweisend sein für die Jugendarbeit und für die Einbeziehung von Jugendlichen in Kirche und Gemeinden.

Folgende Projekte wurden (aus zehn Projektbewerbungen) für das Projekt ausgesucht: Jugendkirche Stuttgart, MOC-Jugendgemeinde in Leonberg, Jugendgemeinde in Kirchheim/Teck und die Rieser Jugendkirche Bopfingen. Diese unterscheiden sich sowohl in ihrer regionalen Lage (städtisch – stadtnah – ländlich) als auch in ihren Ansätzen, Konzeptionen und örtlichen Ausgangssituationen, verfolgen aber dennoch in ihrem Grundanliegen dasselbe Ziel: neue Modelle von Jugendkirche/Jugendgemeinde parochieübergreifend innerhalb der Landeskirche zu entwickeln.

Neue geistliche Zentren als ‚Beheimatungsorte' für junge Menschen, für die kirchengemeindliches Leben vielfach eine ‚fremde Welt' geworden ist, sollen entstehen und wachsen – mit vielfältigen Angeboten und Gestaltungsräumen; mit

einem eigenen gottesdienstlichen Leben, das gemeinsam gestaltet, gefeiert und gelebt wird.
Die dabei entwickelten Modelle von parochieübergreifenden Jugendkirchen und Jugendgemeinden sollen wegweisend sein für neue Formen der Beheimatung junger Menschen in der Kirche. Zudem sollen Möglichkeiten der Verankerung dieser in landeskirchlichen Strukturen gesucht, erprobt und verfolgt werden."

Es ist mutig, dass die württembergische Landeskirche diesem Projekt in ihren ehrwürdigen Strukturen Raum und Freiheit, Geld und Vertrauen gegeben hat und gibt. Mitten in einer Zeit, in der verschiedene Krisen (Mitgliederschwund, Finanzkrise, Orientierungskrise, Strukturkrise ...) sie immer wieder lähmen, und ohne absehen zu können, was am Ende dabei herauskommt, welche Konsequenzen das Ganze möglicherweise auch für sie selbst haben könnte, riskiert sie, sich selbst zu verändern. Dafür schätze ich meine Kirche!

Als ich angefragt wurde, die Leitung für dieses *Projekt Jugendkirche* zu übernehmen, habe ich trotz der großen Herausforderungen und Erwartungen, die daran hängen, ziemlich schnell zugesagt, weil ich riesig dankbar und glücklich war, an dem mitbauen zu dürfen, was mir zutiefst Anliegen für diese, für meine Kirche ist. Weil ich mit diesem Freiraum (und der gleichzeitigen Einbindung in ein großes Ganzes) große Hoffnungen verbinde. Hoffnung auf Aufbruch und Veränderung. Hoffnung, dass auch junge Menschen unserer Zeit in dieser Kirche in Fröhlichkeit und Freiheit einen ihr Leben prägenden und tragenden Glauben an Jesus Christus entdecken und leben können. Hoffnung, dass dieses Projekt auch die Kirche als solche verändern wird.

Jugendkirchen und Jugendgemeinden

An vier Orten in Württemberg sind wir seit über zwei Jahren dabei, Jugendkirche und Jugendgemeinde zu bauen. Nach dem Motto: Kirche ist da – mitten in der Lebenswelt junger Menschen, nicht nur alle paar Monate mit einem jugendgemäßen Gottesdienstangebot. Nein, sie ist verlässlich da, und zwar mit eigenen gestaltbaren Räumen, mit eigenen regelmäßigen Gottesdiensten und mit verschiedensten Angeboten und Gestaltungsmöglichkeiten.

Nicht nur das Evangelium (wie es evangelische Jugendarbeit schon lange macht), sondern auch die bisherigen Tabus Kirche, Kirchenräume, Gemeinde, Gottesdienst werden in ihren Strukturen und Formen in die Lebenswelt junger Menschen übersetzt und ihnen als ihre eigenen Räume eröffnet und zugestanden.

Was die vier Modellprojekte des *Projekts Jugendkirche* kennzeichnet, sind folgende Eigenschaften:

Jugendkirchen und Jugendgemeinden ...

■ machen jungen Menschen ein heimatstiftendes Angebot. Dabei nehmen sie sechs Aspekte auf, die junge Menschen heute meines Erachtens mit der „Sehnsucht nach Heimat" verbinden:

1. Ich darf einfach da sein – so, wie ich bin.
2. Ich werde in dem, was mein Leben ausmacht und bestimmt, wahr- und ernst genommen.
3. Ich bekomme Orientierungshilfen für mein Leben.
4. Ich gehöre dazu.
5. Ich darf mitgestalten.
6. Ich erlebe einen verlässlichen Ort.

■ machen Ernst mit dem Sendungsauftrag der Kirche. Sie finden sich nicht länger damit ab, dass viele junge Menschen der Kirche bereits den Rücken zugewandt haben und dies immer weiter tun. Sie gehen hin, brechen auf aus den Sicherheiten, aus dem Vertrauten, aus starren Traditionen, aus dem in der Kirche oftmals vorherrschenden Betreuungs- und Versorgungsdenken und durchbrechen dabei die Vorstellung, Menschen für die Kirche, so wie sie ist, gewinnen zu müssen.

■ überwinden den Graben zwischen Jugendkultur und Evangelium. Sie haben den Willen und die Entschlossenheit, jungen Menschen in deren Lebenswelten zu begegnen, weil Evangelium sich in *jedem* kulturellen Kontext artikulieren und ausdrücken kann. Kirche soll relevant sein. In dem, was sie sagt – aber auch in dem, wie sie es sagt.

■ orientieren sich nicht an Parochiegrenzen, sondern an Lebenswelten. Sie nehmen ernst, dass junge Menschen sich heute ihre Lebenszusammenhänge vielfach selbst suchen und Beziehungsnetzwerke dabei oftmals weit bedeutendere Bezugsgrößen sind als Parochiegrenzen. In Ergänzung zu den lokal ausgerichteten Ortsgemeinden verstehen sie sich als ortsübergreifende Netzwerkangebote.

■ verstehen sich als eigenständige Zentren und Angebote kirchlichen Lebens. Das Ernstnehmen des Missionsauftrags, verbunden mit dem Ernstnehmen der Menschen, die man einladen will, führt in einer pluralistischen und multikulturellen Gesellschaft notwendigerweise zu einer Aufsplitterung der Angebote. Auch im Hinblick auf Gemeinschaftsformen und Strukturen. Jugendkirchen und Jugendgemeinden verstehen sich dabei als ein eigenständiges und gleichberechtigtes Angebot neben anderen.

■ sind eine Provokation für alle etablierte Kirchlichkeit. Verständlicherweise lösen sie vielerlei Ängste und Spannungen aus und fordern bisherige Denkmuster und Sicherheiten einer durchstrukturierten Kirche heraus. Denn bisher waren die Aufgaben und Zuständigkeiten in unserer Kirche klar verteilt. Auf der einen Seite die Amtskirche mit Gottesdienst, Ritualen, Amtshandlungen. Auf der anderen Seite die Jugendarbeit mit Gruppenstunden, Freizeiten, Bibelarbeiten. Jugendkirchen und Jugendgemeinden durchkreuzen das. Denn sie verantworten in aller Freiheit Aufgaben (z. B. regelmäßige eigenständige Gottesdienste, eigenes gemeindliches Leben, Jugendliche predigen ...), die bisher ganz klar an die Amtskirche und das Pfarramt gebunden waren. Die alte Aufgabenteilung funktioniert da plötzlich nicht mehr.

Jugendkirchen und Jugendgemeinden – zwei Seiten einer Medaille

Trotz aller Gemeinsamkeiten der vier Projekte geht doch jedes seinen ganz eigenen Weg, schreibt seine ganz individuelle Geschichte: Während die einen an einem seit Jahren bestehenden Jugendgottesdienst ansetzen (MOC-Jugendgemeinde Leonberg), fangen die anderen bei null an (Rieser Jugendkirche Bopfingen). Während die einen einen geistlichen Aufbruch unter jungen Menschen begleiten, vernetzen und weiterführen wollen (DOMINO Jugendkirche Kirchheim/Teck), steht den anderen ein eigenes Kirchengebäude zur freien Verfügung (Stuttgart). Während die einen in der Stadt mit deren Herausforderungen arbeiten, arbeiten andere im kleinstädtischen bzw. im ländlichen Umfeld. Während die einen mehrere engagierte Teams zur Seite haben, sind andere nach wie vor Einzelkämpfer.

Diese Unterschiede gilt es ernst zu nehmen. Denn es gibt ihn nicht: den einen, den richtigen Weg, wie Jugendkirche und Jugendgemeinde sich gestaltet. Sie setzt immer an dem an, was zunächst einfach mal da ist – und geht und schreibt von da aus ihren Weg.

Insgesamt lassen sich in der ganzen Jugendkirchen- und Jugendgemeindeszene (auch über die vier württembergischen Projekte hinaus) zwei grobe Linien beobachten: die Jugend*kirchen* und die Jugend*gemeinden*.

Jugendkirchen – Kirche als räumliches Angebot

Jugendkirchen setzen an der *räumlichen* Gestalt von Kirche an. Sie bieten jungen Menschen einen eigenen Kirchenraum mit seinen zeitlosen aussagekräftigen Symbolen, den sie sich als ihren Raum aneignen dürfen und in dem sich Glaube in unterschiedlichsten Formen in ihrem Lebenskontext ausdrücken und gestalten darf.

Jugendkirchen werden derzeit, zumeist im städtischen Bereich, an immer mehr Stellen gegründet und eröffnet. Zumeist werden sie von Verantwortlichen der Kirche jungen Menschen zur Verfügung gestellt und mit zum Teil hohem finanziellem Einsatz jugendgemäß umgestaltet.

Zumeist haben Jugendkirchen nicht die Zielsetzung, Gemeinde zu sein bzw. zu werden.

Jugendgemeinden – Kirche als personales Angebot

Jugendgemeinden setzen an der *personalen* Gestalt von Kirche an. Sie haben das Anliegen, für und mit jungen Menschen geistliche Heimat, erlebbare Gemeinschaft, Gemeinde zu bilden, zu sein und zu leben. Der eigenverantwortete und regelmäßige Gottesdienst spielt dabei eine wichtige Rolle. Er ist Kristallisationspunkt, von dem aus weitere vertiefende Angebote für und mit jungen Menschen gesucht und durchgeführt werden (Freizeiten, Kleingruppen, Seminare u. Ä.). Häufig sind Jugendgemeinden die natürliche Fortführung von Jugendgottesdiensten. Der Raum spielt bei Jugendgemeinden im Vergleich zu den Jugendkirchen eine eher untergeordnete Rolle.

Das Thema „Jugendkirchen" ist derzeit „in" – quer durch alle Landeskirchen. Hier bewegt sich, vor allem im städtischen Bereich, derzeit einiges, zum Teil unterstützt mit enormen Geldbeträgen. Wenn innerhalb der verfassten Kirche von Jugendkirchen die Rede ist, dann ist zumeist dieses Modell der räumlichen Gestaltwerdung von Kirche im Blick, weniger das der Jugendgemeinden. Denn das Thema „Jugendgemeinden" ist für viele innerhalb landeskirchlicher Gegebenheiten (noch) nicht zu denken. Räume, Kirchen gibt man noch leichter her (vor allem, wenn sie sonst leer stehen würden), solange sich Strukturen und Gewohnheiten dadurch nicht wirklich ändern müssen.

Lebensweltorientierte Jugendgemeinden passen derzeit (noch) nicht in das (fast ausschließlich) lokal orientierte Parochialsystem der verfassten Kirche. Es gibt derzeit noch wenige bis keine Vorerfahrungen, wie sich in ihr der Platz für Lebenswelt-, Jugend- oder Netzwerkgemeinden gestalten könnte. Inhaltliche und strukturelle Herausforderungen tun sich auf, die auf den unterschiedlichsten Ebenen *miteinander* anzugehen sind, wenn denn nicht nur die Jugendkirchen, sondern auch die Jugendgemeinden einen anerkannten und gewollten Platz innerhalb der verfassten Kirche finden sollen.

Bei der Frage nach der Integration von Jugendgemeinden liegt meines Erachtens der eigentliche Zündstoff! Denn hier geht es um ein grundlegendes Umdenkenmüssen im Blick auf Themen wie Gemeindeverständnis, Amtsverständnis, das Verhältnis von Jugend- und Ortsgemeinden u. Ä. Hier ist Kirche gefragt und herausgefordert, sich selbst zu verändern ...

Wir sind unterwegs

Als wir mit dem Projekt gestartet sind, kam ich mir vor wie jemand, der mit seinem Schiff aufs offene Meer hinausfährt. Es war kein Schippern am vertrauten Ufer entlang. Es galt, die Seile loszumachen und loszusegeln. Und nicht zu wissen, wie die Reise verlaufen wird, wo wir ankommen ...

Und am Anfang war der Gegenwind ziemlich heftig, die Wellen ziemlich hoch. Manches ist mittlerweile ruhiger geworden. Und immer wieder gibt es einen richtig kräftigen Schub Rückenwind. Es ist genial, zu erleben, wie jedes der vier Projekte um seinen Weg ringt, Gestalt annimmt und wächst, und zu sehen, was möglich ist. Mit wie viel Vision, Glauben, Liebe und Motivation die Projektleitenden und die jungen Menschen vor Ort ihre Projekte zu ihrer Sache machen und die Chancen nutzen, die sich bieten!

Das Erleben, dass junge Menschen, die mit Kirche nichts mehr anfangen konnten oder denen Kirche bisher eher fremd blieb, sich in einer Jugendkirche, einer Jugendgemeinde wohl fühlen, dort Freunde finden, sich einbringen und einen ganz neuen, oft ersten wirklichen Zugang zur Kirche und vor allem zur Auseinandersetzung mit der Frage nach Gott finden, ist das beste Argument gegen alle Bedenken, Anfragen und Ängste.

Nicht nur an den vier Orten – auch an anderen Stellen wächst der Mut, innerhalb der Kirche Ähnliches anzupacken. Ängste und Bedenken werden vielerorts leiser. An manchen Stellen spricht man schon selbstverständlich von der Notwendigkeit solcher Bewegungen innerhalb der Kirche, wo vor einigen Jahren die Anfragen und die Zurückhaltung noch sehr groß waren.

Manches wird in der nächsten Zeit zu beackern sein, wenn Jugendkirchen und Jugendgemeinden einen festen Platz innerhalb der Gegebenheiten und Strukturen der Landeskirche finden sollen:

- die Arbeit an einem veränderten Gesamtbild von Kirche, in dem gleichberechtigt neben parochialen Gemeinden auch lebenswelt- und netzwerkorientierte Ausdrucksformen von Gemeinde ihren Platz und die nötige Unterstützung finden,
- die Arbeit an inhaltlichen Themenfeldern im Blick auf das Selbstverständnis der Kirche, das Gemeinde- und Gottesdienstverständnis, das Amtsverständnis u. a.,
- die Arbeit an strukturellen und rechtlichen Fragestellungen im Blick auf die Unterstützung, den Status, die Anbindung und die Verankerung von Jugendkirchen und Jugendgemeinden.

Ich bin zutiefst überzeugt, dass in den Entwicklungen, die an den vier Orten mutig angestoßen wurden, Riesenchancen für die altehrwürdige Kirche liegen! Und ich wünsche mir, dass wir das, was wir im Rahmen dieses Projektes modellhaft erproben und erleben, auch wirklich für dringend notwendige Veränderungen in dieser Kirche zu nutzen wissen.

Wenn die unterschiedlichsten Menschen in der Kirche miteinander den Mut und den Glauben haben, sich Martin Luthers „Ecclesia semper reformanda“

(„Die Kirche hat sich fortwährend zu erneuern") wieder neu zu ihrem ureigensten Anliegen zu machen, dann habe ich Hoffnung und dann will ich weiter unter ihrem Dach daran mitbauen.

Dann werden vielleicht irgendwann die jungen Menschen, die jetzt als Jugendliche, als junge Erwachsene ihren Platz in einer Jugendkirche, einer Jugendgemeinde finden, diejenigen sein, die voller Überzeugung sagen: „Ja, meine Kirche ist mir wichtig."

Nähere Infos ...

zum *Projekt Jugendkirche* gibt es im Internet unter www.ejwue.de/jugendkirche. In einer im Herbst 2005 erstellten Zwischendokumentation „Ein starkes Stück Kirche" (zu beziehen über anne.winter@ejwue.de) geben wir als Projektgruppe ausführlich Einblick in das *Projekt Jugendkirche*, in die Hintergründe des Projektanliegens und die Entwicklungen der vier Modellprojekte.

Kapitel 10

Perspektiven

Super-GAU Gemeindegründung? Eine Talkrunde

→

Super-GAU Gemeindegründung? Eine Talkrunde

Dieses Buch enthält einige Geschichten von jungen Gründern, die etwas Neues gestartet haben. Dennoch gibt es neben den Neugründungen auch Ansätze, junge Menschen im Kontext einer bestehenden Ortsgemeinde zu erreichen und sie darin zu integrieren. Ich wusste von drei Gemeinden in meiner Region, die innerhalb ihrer bestehenden Strukturen eine Arbeit für die jüngere Generation angefangen hatten. So kam es dazu, dass sich Vertreter dieser Gemeinden zu einer Talkrunde versammelten, um über die Herausforderungen zu reden, die junge Generation in Gemeinden zu integrieren. Dabei waren jeweils Verantwortliche aus der Hauptgemeinde und aus dem Arbeitszweig für jüngere Leute. Als Ergebnis dieser Gesprächsrunde stand nicht *die* Antwort, wie man diesen Integrationsweg gehen kann, sondern eher eine Momentaufnahme mit Erfahrungen auf dem Weg.

Beteiligt waren Vertreter dreier Gemeinden: Carsten Buck und Tim Sukowski aus der Christus-Gemeinde Wuppertal, einer Gemeinde im Bund Freikirchlicher Pfingstgemeinden, Ekkehart Vetter und Clemens Pust aus der Christus-Gemeinde Mülheim, einer Gemeinde im Mülheimer Verband Freikirchlich-Evangelischer Gemeinden, sowie Sarai Mann, Wilfried Mann und Pascal Görtz aus der Evangelisch-Freikirchlichen Gemeinde Mettmann (Baptisten). Alle drei Gemeinden verbindet, dass sie Arbeitszweige für junge Leute mit einer relativ starken eigenen Identität haben: die Jugendkirche *Trax* in Wuppertal, die Jugendkirche *JUMP* in Mülheim und die *Jesus.Happening_Bewegung* in Mettmann.

Hier die Teilnehmer in der Einzelvorstellung:

Carsten Buck, geboren 1962, übernahm 2002 die Stelle als zweiter Pastor in der Christus-Gemeinde Wuppertal. Zuvor war er Hauptpastor in Augsburg und Dortmund. Sein Herz schlägt besonders für die gesunde Gemeindeentwicklung und die Förderung und Begleitung von Leitern. Daneben ist er stellvertretender Regionalleiter des Bundes Freikirchlicher Pfingstgemeinden für Nordrhein-Westfalen. Carsten ist verheiratet mit Maria und hat vier Kinder.

Tim Sukowski, geboren 1973, studierte zunächst Betriebswirtschaft und war anschließend in der Steuerberatung und Wirtschaftsprüfung aktiv. 2001 folgte der Umstieg in den Vollzeitdienst und eine pastorale Ausbildung. Heute ist er Pastor in der Christus-Gemeinde Wuppertal. Dort übernahm er die Verantwortung für die Jugendarbeit *Trax*, die sich mehr und mehr als eine dynamische Jugendkirche aufgestellt hat und heute u. a. durch ihren Jugendgottesdienst *X2C* überregionale Ausstrahlung hat. Er ist verheiratet mit Katja, gemeinsam haben sie zwei Kinder.

Ekkehart Vetter, Jahrgang 1956, ist Pastor der Christus-Gemeinde Mülheim. Nach dem Studium der Evangelischen Theologie an der Universität Hamburg, Vikariat und erster Pastorenstelle in Stade ist er seit 1993 an der Ruhr. Seit 2003 ist er daneben auch Präses des Mülheimer Verbandes Freikirchlich-Evangelischer Gemeinden und gehört zum Hauptvorstand der Deutschen Evangelischen Allianz. Apropos Familie: Sabine und Ekkehart Vetter sind seit 1978 verheiratet und haben sechs, zum Teil bereits erwachsene Kinder.

Clemens Pust, geboren 1979, hat an verschiedenen Fakultäten Theologie studiert und arbeitet sei 2005 als Jugendpastor in der Christus-Gemeinde Mülheim. In dieser sympathischen Stadt an der Ruhr arbeitet und lebt er mit seiner Frau Debora.

Sarai Mann, Jahrgang 1977, arbeitet als Erzieherin in einem Mettmanner Kindergarten. Sie ist in der Evangelisch-Freikirchlichen Gemeinde Mettmann zugleich im Leitungskreis der Gemeinde und der *Jesus. Happening_Bewegung* aktiv und versteht sich als Brückenbauerin. Schwerpunkte ihres Engagements sind Gebet und Seelsorge.

Dipl.-Ing. Wilfried Mann, geboren 1950 in Kiel, ist verheiratet mit Elisabeth. Die beiden haben vier erwachsene Kinder und leben in Mettmann. Nach der Ausbildung als Vermessungstechniker und dem Studium des Vermessungswesens ist er heute leitender Angestellter in der Stadtverwaltung Düsseldorf. Seit den siebziger Jahren arbeitet er in den Leitungskreisen der Evangelisch-Freikirchlichen Gemeinden Ratingen und Mettmann mit. Seine Schwerpunkte waren Außenmission sowie Bau- und Hausverwaltung und liegen heute auf Seelsorge und Gemeindegruppen.

Pascal Görtz, geboren 1976, ist studierter Theaterwissenschaftler und arbeitet als Redakteur bei jesus.de (Bundes-Verlag, Witten). In der Evangelisch-Freikirchlichen Gemeinde Mettmann gehört er dem Leitungskreis der *Jesus. Happening_Bewegung* an und engagiert sich als Outreach-Verantwortlicher für die Eventreihe *Flood.* Außerdem ist er als Musiker und Songwriter mit der Band *ambergrain* in (deutschen) Hallen unterwegs.

? Vielen Dank, dass ihr euch die Zeit für dieses Treffen genommen habt. Erzählt doch einmal kurz von euch und beschreibt eure Arbeit.

! Tim Sukowski: Ich kam 1999 in die Gemeinde, damals noch nicht als Hauptamtlicher. 2001 bin ich als Jugendpastor eingestiegen, zuerst mit einer halben Stelle, später dann mit einer vollen Stelle. Als ich 1999 als Mitarbeiter in der Jugendarbeit anfing, war die Gemeinde etwa zehn Jahre alt. In diesen ersten zehn Jahren war es sehr schwierig gewesen, eine Jugendarbeit zu etablieren, da die Gemeinde an sich noch sehr jung war: Uwe Schäfer war sechsundzwanzig, als er die Gemeinde gegründet hatte. 1999 gab es etwa zwanzig Teens in der Gemeinde.

Wir sind nicht das, was man typischerweise unter einer Jugendkirche versteht: Auf der einen Seite hat die Arbeit schon eine starke eigene Identität mit Jugendkleingruppen, Kleingruppen für junge Erwachsene und wöchentlichen Gottesdiensten. Auf der anderen Seite verstehen wir uns als Jugendarbeit absolut als Teil der Gemeinde.

Von den Leuten, die zu Trax kommen, kommen fast alle auch sonntags in den Gottesdienst. Und ganz viele von ihnen arbeiten auch in der Kinderkirche oder im Lobpreis mit, teilweise auch in anderen Bereichen der Gemeinde. Unser Ziel ist, dass Leute dienstbereit werden, in Jüngerschaft wachsen, ein gutes Fundament bekommen, selber ihre Freunde erreichen und sich einbringen wollen, Reich Gottes zu bauen.

Ich bin froh, dass sich die Gründergeneration der Gemeinde, die jetzt so um die vierzig ist, bewusst ist: Wir können jetzt nicht einfach zwanzig Jahre lang weiter alle Fäden in der Hand halten und so lange niemand anders machen lassen. Zur gleichen Zeit wie ich sind auch andere jüngere Leute in die Gemeindeleitung und den Gemeinderat gekommen. Es gibt viele Freiräume für Jugendliche, Gemeinde zu bauen.

Bei Trax ist unser Einstiegsalter dreizehn: Ab dreizehn kann man kommen, es sind alle Jahrgänge bis zwanzig präsent, wobei wir nach oben keine Grenze haben. Seit einem Jahr wollen wir auch ganz bewusst junge Erwachsene erreichen, zumindest einmal die Leute, die aus der Jugendarbeit heraus junge Erwachsene werden. Wir haben die Erfahrung gemacht, dass es in den Gottesdiensten, die wir als Jugendkirche machen, kein Problem ist, Leute im Alter von dreizehn bis dreißig unter einen Hut zu bringen. Aber da, wo es um den persönlichen Austausch geht, ist es schon wichtig, in der Altersstruktur homogenere Gruppen zu bekommen. Wir haben etwa zwanzig junge Erwachsene Anfang bis Mitte zwanzig. Das sind noch zu wenige, um darüber bereits etwas zu sagen. Wir sind da also unterwegs, sind gerade erst losgegangen.

Carsten Buck: Ich würde unseren Gottesdienst als der Jugend zugewandt bezeichnen. Er ist gut für Jugendliche zu ertragen oder zu genießen. Uwe Schäfer und ich kämpfen als Pastoren der Hauptgemeinde für die Jugendlichen, gerade wenn die Musik manchmal etwas zu laut ist oder die Bekleidung der Jugendlichen auf der Bühne manchen Probleme bereitet. Natürlich muss man vermitteln. Aber wir versuchen in der Gemeinde einen Stil zu fahren, bei dem sich Jugendliche auch im Hauptgottesdienst wohl fühlen können. Eines von unseren vier Lobpreisteams besteht ausschließlich aus Jugendlichen und dient auch regelmäßig in unseren Gottesdiensten.

Ekkehart Vetter: Unsere Gemeinde ist hundert Jahre alt und das hat sie geprägt. Als wir 1993 nach Mülheim kamen, war sie relativ überaltert, nicht extrem, aber doch in der Tendenz. Es gab wenig Jugendarbeit. Wir führten einen Veränderungsprozess weiter, der nicht mit uns begonnen hat, sondern der auch schon vorher lief. Dieser Weg war aber sehr mühsam, da die Gemeinde in den zwei, drei Jahrzehnten zuvor sehr traditionell geprägt war. Die Entscheidung, eine jugendkirchliche Arbeit zu beginnen, haben wir nicht getroffen, weil wir so unglaublich viele Jugendliche hatten, die wir nicht integriert kriegten, sondern im Gegenteil: Wir hatten eigentlich sehr wenig Jugendliche.

In unserer Anfangszeit bestand der Jugendkreis etwa zur Hälfte aus unseren eigenen Kindern (wir haben sechs Kinder), das war schon speziell. Unsere Jugendkirche JUMP – steht für: Jesus use my personality – ist ähnlich wie bei euch in Wuppertal gelagert: Sie war nie als eigenständige Jugendkirche geplant, die komplett ihr eigenes Leben führt. Dennoch gibt es sehr starke eigene Strukturen. Es gibt eine JUMP-Ältestenschaft und eigene Hauskreise. Allerdings ist das Konzept nicht, eine unabhängig von der Gemeinde selbständige Jugendkirche aufzubauen. Der Effekt ist ähnlich: Wir haben mehr Jugendliche als früher – und das hat mit JUMP zu tun. Es kommen nicht alle in den Gottesdienst, aber doch ein großer Teil.

Und da ist es genau so, wie ihr es beschrieben habt: Zum einen hat unsere ältere Generation sehr viel Verständnis, andererseits auch ein bisschen Mühe.

Clemens Pust: Wir sind bei JUMP etwa fünfzig Leute im Alter von vierzehn bis fünfundzwanzig Jahren. Wir feiern freitags einen gemeinsamen Gottesdienst. Vorher treffen sich die Jüngeren und haben alle zwei Wochen auch Kleingruppen. Und nachher treffen sich die Älteren, wo wir chillen und alle zwei Wochen im Wechsel auch Kleingruppen haben. Einmal im Monat findet ein größerer Jugendgottesdienst mit etwa hundert Leuten statt, wo viele auch Schulfreunde mitbringen. Dazu kommen aber auch Leute aus anderen Gemeinden.

Das Wichtige ist: Dadurch, dass die Arbeit so eng verbunden mit der Hauptgemeinde ist, besteht eine gute Zusammenarbeit der Seniorenarbeit mit JUMP. Es gibt Gebetspatenschaften, bei denen ältere Leute sich mit zwei bis drei Jugendlichen treffen und für sie beten. Daran merkt man, dass die Senioren sehr aufgeschlossen sind.

Wilfried Mann: Die EFG Mettmann feiert 2006 ihren vierzigsten Geburtstag. Es ist eine traditionelle Gemeinde mit Leuten ursprünglich aus Brüdergemeinden und Baptistengemeinden. Von den neunzig Mitgliedern sind etwa ein Drittel unter fünfunddreißig, etwas weniger als ein Drittel über sechzig und der Rest dazwischen. In der neuen Gemeindeleitung sind zwei Leute aus der Jugendarbeit integriert. Wir haben gemeinsam eine Vision entwickelt, die sich anlehnt an das, was sich die jungen Leute vorgenommen haben.

Sarai Mann: Ich bin die Tochter von Wilfried und habe die Ursprünge unserer Jugendarbeit, die wir jetzt zurzeit leben, mitbekommen. Es gab eine Jugend, die sich ziemlich stark selbst geleitet hat. Ich habe diesen Prozess als große Verantwortung erlebt, aber auch als großen Freiraum, den die Gemeinde uns gegeben hat. Wir haben gesagt: Wir wollen das selbst probieren und unsere Leidenschaft mit den anderen Jugendlichen in unserem Alter teilen. Auf der anderen Seite hat mir und auch vielen von uns ein Stück Leitung und Orientierung gefehlt. Wir haben wenig praktische Unterstützung mit Strukturen bekommen und so hat sich vieles selbst entwickelt.

Wir haben vor sieben Jahren angefangen, Jugendgottesdienste zu machen. Wir wollten unsere Freunde erreichen, wollten in die Stadt, wollten was Großes anpacken für Gott. Wir haben das fünf Jahre lang in der Gemeinde gemacht, bis der Raum nicht mehr reichte. Dann haben sich sieben Leute zusammengefunden, die auf einem Visionswochenende darum gerungen und gebetet haben, was Gott in Mettmann und mit dieser Arbeit will.

Gott hat uns dazu Sachen geschenkt, wir haben eine Struktur aufgebaut, wir haben seitdem vier- bis fünfmal im Jahr evangelistisch ausgerichtete Jesus. Happenings, die in der Stadthalle stattfinden. Wir treffen uns sonst jeden Sonntagabend. Aus dem ersten Hauskreis sind mittlerweile fünf geworden. Unser altersmäßiger Schwerpunkt liegt etwas höher: eher zwischen achtzehn und dreißig. Wir sind mit der Jugendarbeit mitgewachsen.

Pascal Görtz: Ich bin einer dieser sieben, die das von Anfang an mitbekommen haben; am Anfang war ich noch nicht Christ. Daher habe ich die Dynamik, die da war, ganz gut mitbekommen, im Guten wie im Schlechten. Weil wir gemerkt haben, dass das eigentlich mehr eine *Bewegung* ist, eine sehr dynamische Geschichte, als jetzt *nur* die fünf großen Gottesdienste im Jahr, haben wir das ganze Jesus.Happening_Bewegung genannt.

Wir haben gemerkt, dass die Leute viel mehr an alltäglicher geistlicher Nahrung brauchen, als wir ihnen bieten können, wenn wir nur alle drei Monate so einen größeren Gottesdienst machen. Sie brauchen einen regelmäßigen Gottesdienst, das Traditionalistische am Sonntagmorgen hat die Leute einfach nicht angesprochen, sie kamen einfach nicht.

Sarai Mann: Wir haben oft darum gerungen und gefragt: Wollen wir das alleine machen oder mit der Gemeinde? Wir haben uns ganz bewusst dafür entschieden, nicht zu gehen. Wir sehen das Zusammenbleiben als eine wichtige Sache, gerade auch im Gebet und in der Erfahrung, die die Älteren haben. Wir haben einen anderen Auftrag, aber wir gehören zusammen, und auch wenn das nicht immer leicht ist, sind wir ein Teil der Gemeinde und wollen das auch bleiben.

Jetzt, wo eine Gemeindeleitung stärker Verantwortung übernehmen will, müssen wir schauen, wie das wieder mehr zusammenpasst.

Wilfried Mann: In der alten Gemeindeleitung wurde oft gesagt: „Wir müssen die jungen Leute bremsen. Das geht ja nicht: Die anderen kommen nicht mit, und deshalb müssen wir die bremsen.“ Das ist natürlich ein schwieriger Ansatz:

Immer dann, wenn die Gemeindeleitung nicht auf dem Tempo war, wie ihr gedreht habt, gab es ein Problem. Deswegen gab's an der Stelle kein Verständnis. Man hat zwar miteinander geredet, aber das führte nicht dazu, dass man wirklich voneinander profitiert hätte.

Pascal Görtz: Wir haben eine eigene sehr starke Dynamik mit relativ großen Rädern, die sich schnell drehen. Das führt in einer Gemeinde mit einem langsameren Tempo immer wieder zu Konflikten.

Wilfried Mann: Ich glaube auch nicht, dass man die jungen Leute bremsen muss. Wir brauchen zwischen der alten Generation, die dieses Tempo nicht mehr mitgehen kann (das geht ja überhaupt nicht), jüngere Leute, die das verstehen und vermitteln können. Wir brauchen eine Ausrichtung der Gemeindearbeit unter dem Gesichtspunkt einer Zielorientierung: Wir wollen das erreichen, was im Happeningbereich auf jeden Fall schon ein Schwerpunkt ist.

Das ist in der Gemeindearbeit völlig anders. Da ist eher so ein Ansatz: Wir kommen da zum Gottesdienst und dann ist alles okay. Mehr so eine Bedienermentalität, eher wie in der Verwaltung. Da stellen sich natürlich auch wichtige Anschlussfragen, die man klären muss: Beruft man einen Pastor, der dann bestimmte Aufgaben erfüllen soll und bestimmte Ergänzungen mitbringt, oder suchen wir einen Pastor, der einfach da ist, weil er Pastor ist? Diese beiden Ansätze sind in der Gemeinde nicht ganz geklärt.

Wir versuchen, Kräfte, die stärker auseinander gedriftet sind, wieder zu integrieren. Aber nicht so, dass die Jüngeren sich jetzt so zu verhalten haben wie die Älteren. Dort, wo etwas lebendig ist, da sollten wir uns gemeinsam auf den Weg machen. Und das, was nicht lebt, das muss auch sterben. Es hat keinen Sinn, etwas aufrechtzuerhalten, was nur von der Tradition her da sein müsste.

Aus meiner Perspektive ist das ein Punkt, an dem es in Deutschland in vielen Gemeinden hakt. Teens verstehen die Hauptgemeinde auch als ihre Gemeinde, besonders, wenn diese selbst noch nicht so alt ist. Bei jungen Erwachsenen ist das Bedürfnis größer, selbst Gemeinde zu sein, selbst Gemeinde zu prägen. Sie verlassen dann oft traditionelle Gemeinden. Was denkt ihr dazu?

Carsten Buck: Als Tim sagte, dass er die Jugendarbeit ausbauen möchte in Richtung junge Erwachsene und sie für diese Generation auch Hauskreise anbieten wollten, da war meine erste Reaktion: „Wofür? Wieso brauchen wir das? Wir haben doch eine Hauskreisarbeit in der Gemeinde!" Im Gespräch habe ich dann erst realisiert, was dahintersteckt: Nicht jeder, der aus der Jugend herauswächst, kann einfach in einen normalen Hauskreis gehen. Da sind ja Interessen, da sind Sympathien, da sind Einstellungen, das kann man nicht so einfach umtopfen. Es gibt Hauskreise, die sind prima, aber sie werden kein Zuhause für einen Zweiundzwanzigjährigen sein, denn er hat dort kein Gegenüber. Da war es sehr hilfreich, mit Tim darüber zu diskutieren und dann irgendwann die Entscheidung zu treffen: Ja, wir werden jetzt Hauskreise für junge Erwachsene starten. Sicher hätte ich gute Leute mit Leitungspotenzial gerne auch in den bestehenden Hauskreisen gehabt ...

Wichtig ist, dass man da im Dialog ist, dass man da wachsam ist. Und immer fragt: Was dient den Leuten? Was dient den Leuten, damit die nicht nur einfach in der Gemeinde bleiben, sondern in Gemeinschaft und in der Nachfolge bleiben?

Bei Leuten mit unterschiedlichen Bedürfnissen oder Sehnsüchten, und die sind bei Singles nun mal anders als bei jungen Familien, müssen wir als Gemeinde fragen: Was können wir tun, damit diese Leute Jesus nachfolgen können?

Ein guter Schlüssel ist hier sicher, dass wir ein sehr gutes Pastorenteam in der Gemeinde sind und die Ältestenschaft ziemlich flexibel ist. Wir wollen in der Gemeinde Angebote haben, dass jede Altersgruppe ermutigt wird und zu guten Werken angereizt wird.

Tim Sukowski: Wir haben einfach gemerkt, dass Teens, die achtzehn, neunzehn, zwanzig wurden, das Gefühl bekamen: „Oh, jetzt muss ich hier wohl langsam raus aus der Jugendarbeit." Der Sprung in einen Hauskreis, der dominiert wird von jungen Familien oder Älteren, war für die meisten utopisch, und so sind viele in ein Loch gefallen.

Für mich ist es ein Ziel, dass sich die Gemeinde an dem orientiert, was man Mainstream nennen könnte. Viele Probleme in Gemeinden sind ja oft kulturelle Probleme, nicht geistliche. Es gibt aber in der Gesellschaft eine Menge Einrichtungen, die versuchen, alle Generationen abzuholen. Bei McDonald's läuft zum

Beispiel ein bestimmter Musikstil. Der tut einem Fünfzigjährigen nicht weh, der trifft vielleicht vor allem Fünfundzwanzig- bis Dreißigjährige, aber einem Teenie tut er auch nicht weh.

Auch wenn ich noch nicht so viele Sechzigjährige bei McDonald's gesehen habe … (Lacht.) Aber es kommt vor! Gemeinde darf und muss alle Generationen widerspiegeln, und das ist auch ein totaler Reichtum und kann auch als solcher erlebt werden, gerade von jungen Leuten – auch dann, wenn mal ein älteres Lied gesungen wird. Grundsätzlich sehe ich uns als Gemeinde in der Herausforderung, dass wir darauf achten, jetzt nicht mit dem Gemeindealter stilmäßig stehen zu bleiben und älter zu werden, sondern permanent eine Frischzellenkur zu betreiben; sowohl vom Stil des Gottesdienstes her als auch, was die Leiterschaft angeht. Ich wünsche mir sehr, dass einige von den Leuten, die jetzt achtzehn bis zwanzig sind, in fünf Jahren in der Ältestenschaft oder anderen Schlüsselpositionen der Gemeinde dienen. Dafür arbeite ich, das möchte ich erleben, da ich eine Menge Leute sehe, die viel Leitungspotenzial haben.

Ganz wichtig ist, dass Vertrauen in der Gemeinde da ist. Gerade, wenn eine Jugendarbeit eine relativ starke eigene Identität entwickelt, muss die Leiterschaft der Gemeinde der jungen Leiterschaft vertrauen können. Zwei Bereiche sehe ich dabei ganz wichtig: Hier ist kein junger Zweig, der irgendwann mal aus der Gemeinde herauswächst und sich selbständig macht. Das sind Ängste, die schnell da sein können. Da muss man sich sehr stark um Integration bemühen, dass das gar nicht erst entstehen kann. Und zum anderen ist wichtig, was geistlich in der jungen Arbeit läuft: Ob da nur Pizza gegessen wird oder ob da etwas geistlich geschieht, hinter dem die Gemeinde voll stehen kann. „Da müssen wir nicht alles überwachen: Hier werden Leute in Jüngerschaft gefördert, genau wie wir das in der Gesamtgemeinde sehen." Ich glaube, dass das zwei wichtige Komponenten sind. Wenn das da ist, kann das gut laufen.

(!) Sarai Mann: Ich glaube, dass das viel ausmacht, wenn man weiß, dass wir einen gemeinsamen Auftrag haben, dass wir grundsätzlich an derselben Sache arbeiten.

Was wir mittlerweile merken: Bei uns bekommen nun die ersten Leute selbst Kinder, aber bei unserem Gottesdienst am Sonntagabend gibt es keine Kinderbetreuung. Da stellt sich die Frage: Haben wir die Kraft, selber etwas aufzubauen – zurzeit nicht! –, oder ist es irgendwann so, dass diese Leute den Gottesdienst am Morgen besuchen und auch da geistliches Futter bekommen?

Pascal Görtz: Diese Orientierung am Mainstream ist allerdings etwas, was ich nicht möchte. Ich möchte Leuten nicht sagen: „Hier, das ist der Leitfaden, das ist der Mainstream." Ich möchte ihnen sagen: „Ihr seid Kinder eurer Generation. Ihr hört diese und jene Musik. Als ich fünfzehn war, ist Kurt Cobain gestorben, entsprechend habe ich auch noch Pearl Jam zu Hause rumgeschrien und dabei meine Stimme verloren. Und ihr habt was anderes gemacht in eurer Generation. Und ich möchte, dass ihr aus eurer Kultur heraus, aus eurem Verständnis heraus, den Glauben lebt und entsprechend auch Gemeinde gestaltet."

Was die Integration angeht: Bei uns läuft da viel über die Gemeindemitgliedschaft. Bei uns wird man in die Gemeinde aufgenommen. Wenn wir Leute taufen, dann taufen wir Menschen in die Gemeinde hinein. Das sagen wir den Leuten auch sehr klar. Wer mitarbeiten möchte, muss eine bestimmte Zeit lang dabei gewesen sein, um uns zu kennen. Und für verantwortliche Aufgaben muss er getauft sein, und zwar in die Gemeinde hinein. Da führt kein Weg dran vorbei.

Was meinst du mit „Gemeinde", wenn du sagst, dass jemand „in die Gemeinde getauft wird"? Wie verstehst du dann Gemeinde?

Also zumindest bedeutet das, dass ich nicht einfach nur guten Gewissens zum Flow, unserem wöchentlichen Gottesdienst, gehen kann, ohne zu wissen, was in der Gemeinde abgeht. Wir können natürlich nur Empfehlungen aussprechen, wir geben keine Laufkarten aus, wie bei Konfirmanden: „Du musst sechsmal im Gottesdienst gewesen sein, sonst wirst du nicht konfirmiert."

Sarai Mann: Man muss auch sagen, dass der Frust bei den jungen Leuten auch aus einem anderen Grund groß war. Viele haben gesagt: „Wir bekommen hier keine geistliche Nahrung. Wir wünschen uns, dass der Heilige Geist hier unter uns mehr tun kann. Wir möchten echt etwas lernen. Wir können weder unsere Freunde mitbringen, noch kommen wir wirklich geistlich weiter." Auch daher haben Leute

gesagt: Ich komme am Sonntagabend, aber ich komme am Sonntagmorgen nicht. Und daraus ist die Jesus.Happening_Bewegung entstanden. Daher ist es jetzt so unheimlich schwer, das wieder zusammenzubringen.
Ⓘ Wilfried Mann: Ich habe schon erlebt, dass Leute aus der älteren Gemeinde gesagt haben, dass die jungen Leute ja nun das Evangelistische übernehmen. Wenn man sich an der Stelle zurücklehnt und sagt: „Das erledigen die für uns", dann brauchen wir uns nicht zu wundern, wenn wir irgendwann auseinander gehen und zwei Gemeinden haben. Wenn die Älteren auch wieder lebendig ihren Platz innerhalb der Gesamtgemeinde übernehmen, dann ist auch wieder Gesprächsstoff da. Dann redet man auch über neue Gemeindestrukturen, die ja nicht nur Evangelisation, sondern umfassend auch Jüngerschaft, Lobpreis, Mission und Diakonie beinhalten.

? Allerdings sehe ich hier zwei Bereiche: Zum einen gibt es kulturelle Unterschiede zwischen den Generationen. Und zum anderen gibt es eine jüngere Generation, die echtes geistliches Leben, eine dynamische Gemeinschaft will – und der manchmal eine ältere Generation gegenübersteht, die nicht so richtig in die Puschen kommt. Aber selbst wenn beide Generationen geistlich in dieselbe Richtung streben, bedeutet das nicht zwingend, dass dadurch auch die kulturellen Unterschiede überbrückt werden.
Ⓘ Ekkehart Vetter: Letztlich ist es eine Frage der geistlichen Zielsetzung und dessen, was ich vermittle. Vor unserer Zeit hat die Gemeinde häufig die Erfahrung gemacht, dass Kinder, die jetzt in meinem Alter und deren Eltern jetzt etwa siebzig oder achtzig sind, sich aus der Gemeinde verabschiedet haben. Es ist damals nicht gelungen, sie in die Gemeinde zu integrieren.

Wir haben dann eigentlich etwas Ähnliches versucht wie eine Familie, die ein Kind bekommt: „Wir bereiten uns jetzt darauf vor, dass das Kind seinen Platz hat und dass es seinen Lebensraum hat, in dem es sich entwickeln kann, obwohl es noch nicht da ist." Die Entscheidung war bei uns nicht: Wir haben zig Jugendliche und jetzt müssen wir schauen, wie wir in die Hufe kommen. Es waren eigentlich so gut wie keine Jugendlichen da. Der Entschluss wurde tatsächlich gefasst, schwanger zu werden. Und sozusagen während der Schwangerschaft war die Frage: Wie bauen wir das Kinderzimmer? Dafür musste einiges verändert werden: zum einen der Musikstil, aber auch die Gottesdienstzeit: Wir haben sie in zwei Schritten von 9.30 Uhr auf 11.00 Uhr verlegt. Wir müssen den Leuten insgesamt entgegenkommen. Geh am Sonntagmorgen um 10.00 Uhr durch Mülheim, dann weißt du, dass das die falsche Gottesdienstzeit ist.

Die Gemeinde hatte es verstanden, dass es ein geistlicher Wert ist, als verschiedene Generationen zusammen zu sein, obwohl sie vielleicht nicht in allen Teilen wusste, was sie erwartet. Aber das ist ja bei Eltern auch so, wenn sie ein Kind kriegen. Ich glaube, dass Leute früher oder später tun, was sie geistlich verstanden haben.

In der Gesamtgemeinde mussten wir natürlich aufeinander Rücksicht nehmen, gerade weil wir einen recht hohen Seniorenanteil haben. Aber wir haben bewusst gesagt: „Mit uns wird das Rad nicht neu erfunden, ihr habt hier vor uns Gemeindeverantwortung getragen." Wir haben nicht den Eindruck erweckt, dass das in der Vergangenheit alles nichts gewesen wäre, sondern dass wir auf dem aufbauen, was war. Wohlwissend, dass sich ein paar Dinge unbedingt ändern mussten. Wenn du unseren früheren Gemeindechor erlebt hättest – da wusste ich am ersten Sonntag, dass das so nicht weitergehen darf. Aber da brauchst du dann vielleicht zwei, drei Jahre, bis sich das Ganze verabschiedet hat. Das sind liebe Leute, und wenn du das Kind mit dem Bade ausschüttest, erreichst du das Gegenteil. Ob die Geschwindigkeit zu schnell oder zu langsam war, da müsste man die Gemeinde fragen, aber insgesamt ist es recht gut gelaufen, weil die Leute beieinander geblieben sind. Natürlich gab es Spannungselemente, aber es haben sich ganz wenige aus diesem Prozess verabschiedet, sowohl aus der jungen als auch aus der älteren Generation.

Wir haben ja selbst einige Kinder – mir muss die Musik, die aus den Kinderzimmern dröhnt, nicht unbedingt gefallen, dafür haben wir ja die Kinderzimmer. Aber es gibt auch das Wohnzimmer und da muss man einen Kompromiss finden. Und das ist gemeindlich nicht anders. Wir haben immer zu den Älteren gesagt: Ihr seid zu größeren Kompromissen gefordert, denn ihr fallt nicht vom Glauben ab, wenn die Musik mal zu laut ist oder irgendetwas Verrücktes passiert, bei dem ich vielleicht auch sage: „Musste das nun sein?" Mein Job als Pastor war, den älteren Leuten zu sagen: „Entspannt euch, bleibt locker, freut euch, dass sie da sind! Betet lieber für sie, als dass ihr euch über sie aufregt, wenn irgendetwas schief gelaufen ist."

Manchmal denke ich aber auch, dass wir die älteren Geschwister unterschätzen. Wer heute siebzig ist, ist mit Elvis Presley aufgewachsen – es sei denn, er war so fromm, dass er den nicht hören durfte ...

Tim Sukowski: Ich glaube, dass die Siebzig- bis Neunzigjährigen in vielen Gemeinden viel eher bereit sind, sich zu bewegen, als die Fünfzig- bis Sechzigjährigen. Bei Senioren merke ich, dass sie begeistert sind, wenn sich Jugendliche bekehren. Wir haben in unseren Jugendgottesdiensten immer ein paar Senioren, die da sind und beten, auch wenn die Musik ihnen eigentlich zu laut ist.

Wenn in Orten junge Gemeinden mit jungen Leuten entstehen, ist das für mich eigentlich der Plan B. Plan A wäre für mich, wenn sich eine bestehende Gemeinde hätte reformieren lassen. Da das aber vielerorts nicht klappt, entstehen neue Gemeinden. Zu meinem Gemeindeverständnis gehört, dass alle Generationen vertreten sind. Es gehört für mich auch dazu, dass wir es gegen den gesellschaftlichen Trend schaffen, integrative Gemeinde zu sein.

Ekkehart Vetter: Wir haben immer gesagt: Das Schlimmste, was uns passieren könnte, wäre eine Gemeindegründung. Meiner Meinung nach wird das beste Zeichen für Gemeinde Jesu in Zukunft sein, wenn sie zwischen den Generationen beziehungsstark ist. Alles andere haben wir mit der Vereinzelungsgesellschaft um uns herum zuhauf: Wenn wir das auf die Gemeinde projizieren, ist das Reich Gottes vielleicht noch nicht endgültig untergegangen, für optimal halte ich es aber nicht.

Das heißt aber, dass eine Gemeinde stärker von einem Beziehungsnetzwerk lebt und nicht so sehr von einer gemeinsamen wöchentlichen Gottesdienstveranstaltung?

Pascal Görtz: Das sowieso! Wir haben uns dafür entschieden, den Gottesdienst sonntagabends anzubieten. Hätten wir ihn auf Freitag gelegt, hätte man Leute vielleicht noch für den Sonntagmorgen einladen können. Wir haben aber bewusst gesagt, dass nicht alles von dieser einen Veranstaltung abhängen kann.

Wenn aber nicht mehr in einem zentralen Gottesdienst, dann stellt sich die Frage, wo sich Gemeinde noch begegnet. Es könnten Dinge sein, die beiden Gruppen wichtig sind, Seminare zum Beispiel.

(!) Tim Sukowski: Das, was man integrieren kann, ist geistliches Leben. Wenn dieser gemeinsame geistliche Bedarf gedeckt wird, dann spielen andere Dinge eine untergeordnete Rolle.

Spannende Gedanken, die etwas anders klingen als die anderen Stimmen in diesem Buch! Das liegt natürlich daran, dass ich hier mit Leuten zusammensaß, die bewusst innerhalb einer Gemeinde geblieben sind und nicht etwas Neues gestartet haben.

Ob die Frischzellenkur mit einer Orientierung am Mainstream die Lösung für die Zukunft sein wird oder ob es auch noch anders aussehen kann, wird sich zeigen. Toll finde ich, dass sich Gemeinden auf den Weg machen und sich auf Veränderungen einstellen. Denn eins steht fest: Wenn sich nichts verändert, werden junge Erwachsene mehr und mehr abwandern.

Wie man Gemeinde noch anders denken kann und was es noch für Möglichkeiten gibt für bestehende Gemeinden, darum geht es im nächsten Kapitel.

Weblinks zu den teilnehmenden Gemeinden

Wuppertal: www.cgw-online.de und www.trax-online.net
Mülheim: www.cgmuelheim.de und www.jump-youthchurch.de
Mettmann: www.efg-mettmann.de und www.jesushappening.de

Kapitel 11

Perspektiven

Was ist dran?

Herausforderungen und Möglichkeiten in bestehenden Gemeinden

→

Was ist dran?

Herausforderungen und Möglichkeiten in bestehenden Gemeinden

Die nächste Generation der jungen Erwachsenen zu erreichen, ist sicherlich eine der großen Herausforderungen für die Gemeinde Jesu in Deutschland. Mit denjenigen, die schon Christen sind, gilt es Gemeinde zu bauen und zu leben, um auch die, die Jesus noch nicht begegnet sind, mit dem Evangelium zu erreichen. Die bestehenden Gemeindeformen bieten bisher scheinbar nur selten das Umfeld, dass junge Erwachsene Gemeinde als *ihre* Gemeinde wahrnehmen.

An vielen Orten und in vielen Leitungsgremien wird über das Phänomen dieser jungen neuen Gemeinden gesprochen. Irgendwie tickt diese Generation anders, so dass neue Formen gefunden werden müssen. Wie diese Formen aussehen können, dazu gab es in diesem Buch viele unterschiedliche Gedanken von Gründern, die sich auf den Weg gemacht haben, um die Antwort zu entdecken. Ich freue mich über die Vielfalt dieser Gemeinden!

Ich bin traurig, wenn diese jungen Kirchen als unbiblisch abgetan werden. Manchmal höre ich Sätze wie: „Gemeinde Jesu ist nur dann Gemeinde Jesu, wenn alle Generationen vertreten sind. Punkt!" Es ist sicher richtig, dass der Gemeinde etwas Wichtiges fehlt, wenn nur Leute von demselben Schlag zusammen sind. Auch wenn sich Gleich und Gleich gern gesellt, ist Gemeinde Jesu sicher breiter gedacht. Das gilt in Bezug auf das Alter genauso wie in Bezug auf Bildung, sozialen Stand oder andere Unterschiede.

Die Erfahrung zeigt aber, dass man gelassen an diese Frage herangehen kann. Auch bisher akzeptierte Gemeindegründungen mit einem Schwerpunkt etwa auf jungen Familien mit kleinen Kindern sind anfangs genauso einseitig wie „Jugendkirchen". Je jünger sie sind, desto enger sind sie in der Regel ausgerichtet: Das liegt einfach daran, dass oft Leute miteinander Gemeinde gründen, die schon in Beziehung zueinander stehen. Je älter sie werden, desto vielfältiger werden diese Gemeinden. Auf einmal werden Kinder zu Teens und auch ältere

Christen schließen sich dieser Gemeinde an. Die Kraftwerk-Gemeinde in Dresden, sicher eine der frühesten Gemeindegründungen innerhalb der Jugendkultur, ist heute viel breiter aufgestellt als noch zu Beginn. Die erste Gründung des icf in Zürich erlebt, dass ihre Hauptgottesdienste inzwischen immer mehr von Leuten in den Vierzigern und darüber hinaus besucht werden. Mittlerweile sieht man immer öfter auch graue Haare in den Gottesdiensten.

Gemeindegründungen wollen Menschen mit dem Evangelium erreichen, die bisher noch nicht erreicht sind. So stellen sich diese Gemeinden wie Missionare, die in ein fernes Land gehen und einer fremden Kultur begegnen, auf die Kultur der Menschen ein, die sie mit dem Evangelium erreichen wollen. Oft ist es die Kultur, aus der sie selbst stammen, und eine Gemeindegründung geht somit zugleich einher mit der eigenen Suche nach einer stimmigen, einer einheimischen Art von Gemeinde. Nicht fremd, sondern einheimisch. Jesus wurde Mensch, und zwar Jude. Paulus wurde den Juden ein Jude, denen unter Gesetz wie einer unter Gesetz und den Schwachen ein Schwacher (1. Korinther 9,20-22). Genauso suchen viele junge Erwachsene nach ihrem Weg, Gemeinde zu sein. Und das ist gut so, damit junge Erwachsene zum Glauben kommen und im Glauben wachsen.

Was heißt das für bestehende Gemeinden?

Unterscheiden sich die folgenden Generationen kulturell so stark voneinander wie Eskimos und Südamerikaner, so dass schließlich jede Generation ihre eigene Gemeinde bauen und auch mit ihr sterben muss? Stellen sich die „jungen Wilden" einfach nur an und sollten endlich erwachsen – und damit normal – werden? Oder geht es sowieso nur darum, dass wir uns (und unsere kulturelle Ausprägung) um Jesu willen verleugnen müssen, um gemeinsam Gemeinde sein zu können? Die Antwort ist sicher nicht in Extremen zu finden.

Eins ist klar: Wenn bestehende Gemeinden sich nicht wirklich bewegen, wird die junge Generation mehr und mehr auswandern. Und irgendwann werden diese unbeweglichen Gemeinden, allein biologisch bedingt, aussterben.

Im letzten Kapitel haben wir Ansätze gesehen, wie Gemeinden sich auf die jungen Wilden einstellen können: indem sie die Herausforderung annehmen, gemeinsam eine „Wohnzimmerkultur" zu prägen, in der sich die ganze Familie treffen kann, oder indem sie eine Frischzellenkur und die permanente Verjüngung von Stil und Leitung anstreben – das sind wertvolle Ansätze.

Eine andere Sicht

Ich möchte dem gerne noch ein Modell hinzufügen, Gemeinde zu denken, das vielleicht für die eine oder andere Situation hilfreich sein kann. Typischerweise gibt es in einer Gemeinde eine Generation, die sowohl von der Anzahl her am stärksten vertreten ist als auch überwiegend die Verantwortung trägt. Stellen wir uns für dieses Beispiel eine Gemeinde vor, deren Kern und deren Leitung primär von Vierzig- bis Fünfzigjährigen gebildet wird. Diese Mittvierziger haben in der Regel Kinder im Teenageralter. Es finden sich auch einige ältere Mitglieder in der Gemeinde, deren Kinder im jungen Erwachsenenalter sind. Darüber hinaus gibt es in der Gemeinde ein paar motivierte Leute, die zum Beispiel einen missionarischen Gemeindezweig unter Afrikanern gestartet haben. Die Senioren haben ebenfalls eine missionarische Seniorenarbeit, zu der viele ältere Menschen auch von außerhalb der Gemeinde kommen. Die Teens haben ihre Jugendarbeit und auch unter den jungen Erwachsenen entwickeln sich neue Ansätze. Typischerweise würde man die Struktur solch einer Gemeinde etwa so skizzieren:

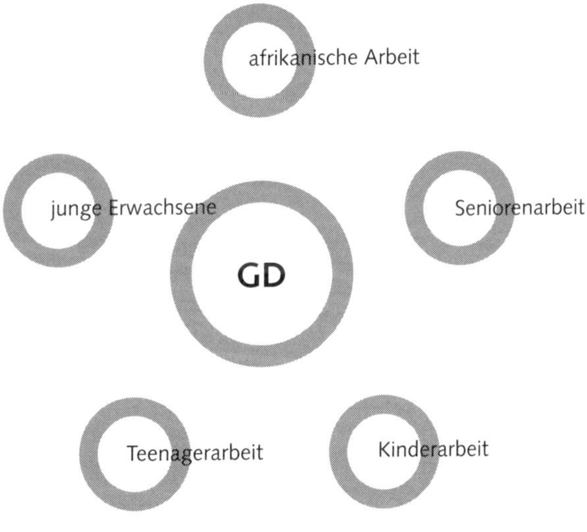

Im Zentrum befindet sich der sonntägliche Gottesdienst, der umgeben ist von alters- oder gruppenspezifischen Angeboten. In unserer angenommenen (meines Erachtens durchaus realistischen) Gemeinde finden wir in den leitungsentscheidenden Positionen Leute in den Vierzigern. Sie finden sich in der Gemeindeleitung und in anderen verantwortlichen Positionen, meist ist auch der Pastor aus dieser Generation. Die Folge davon ist, dass auch der Gottesdienst, der zumindest theoretisch als zentrale Veranstaltung gesehen wird, wo alle zusammenkommen, stark von dieser Kernmannschaft geprägt wird.

Nun könnte man davon ausgehend aber auch einen anderen Ansatz und ein anderes Gemeindeverständnis wählen. Wie die Teenager ihre Veranstaltung haben, die jungen Erwachsenen damit beginnen, die Afrikaner ihren eigenen Gottesdienst feiern und auch die Senioren ihre Treffen haben, so könnte man den bisherigen Gottesdienst auch als eine spezielle Veranstaltung für die Hauptgeneration der Vierzig- bis Fünfzigjährigen sehen. Er würde dann nicht mehr den Mittelpunkt der Gemeinde bilden, sondern sich gleichwertig in den äußeren Kreis einreihen.

Die einzelnen gruppenspezifischen Angebote stünden damit gleichwertig nebeneinander. Der Gottesdienst der Hauptgeneration bliebe zumindest zunächst zahlenmäßig die größte Gruppe, verstünde sich aber nicht mehr als zentralen Ort, an dem sich „die ganze Gemeinde" trifft.

Wie wird Gemeinde dann aber als Ganzes gelebt?

Bei solch einem Modell entsteht natürlich sofort die Frage, wie sich Gemeinde dann als Ganzes verstehen kann. Meines Erachtens macht sich das, was „Gemeinde" ausmacht, nicht an einer Veranstaltung fest, bei der man – etwas spitz formuliert – 75 Minuten auf den Nacken des Vordermanns schaut. Das merkt man dann, wenn man einmal versucht, Gemeinde zu fotografieren. Es ist nahezu unmöglich: Man kann ein Kirchengebäude fotografieren, das macht aber nicht wirklich Gemeinde aus; Gemeinde kann auch existieren ohne ein Kirchengebäude. Thom Wolf, einer meiner ehemaligen Dozenten, schulte Gemeindegründer in Indien, die in diesem Zusammenhang auch Gebäude errichten wollten. Er meinte: „Okay, aber wir machen es so wie die ersten Christen!" „Aber natürlich, sehr gute Idee", reagierten seine motivierten Studenten. „Gut, dann gibt es die ersten 300 Jahre keine Kirchengebäude." Die Gemeinde Jesu kann gut ohne Gebäude existieren. Ein Gebäude macht also nicht das aus, was Gemeinde ist.

Auch eine fotografierte Gottesdienstveranstaltung zeigt nur einen kleinen Teil von dem, was Gemeinde ausmacht. Gemeinde lebt in Beziehungen, zeigt sich im gegenseitigen Helfen, Unterstützen, Ermutigen und Trösten. Gemeinde lebt davon, den zu suchen, der Jesus noch nicht kennt. Gemeinde lindert Leid, ist Salz und Licht der Welt, das die Umwelt verändert. Das alles ist weit mehr als eine Veranstaltung.

Gemeinde als Ganzes kann sich also über einen gemeinsamen Auftrag definieren, kann sich im direkten Miteinander der Generationen zeigen: Da könnten ältere Ehepaare zum Beispiel Mentoren für Frischverheiratete werden. Oder man kann gemeinsam Einsätze im Ausland machen. Alt und Jung begegnen sich bei der Speisung der Obdachlosen oder beim Renovieren von Schulgeländen. Ich kenne eine Gemeinde, in der Hauskreise sich untereinander zum Bowling getroffen haben. So wurden auf der persönlichen Ebene Beziehungen zwischen

Generationen geknüpft, wie es im Rahmen eines Gottesdienstes kaum möglich gewesen wäre. Denkbar ist darüber hinaus auch eine Art *Celebration*-Veranstaltung, bei der alle Generationen, Kulturen, ja sogar Sprachen zusammenkommen, um das Miteinander zu feiern. So etwas würde sicher nicht wöchentlich funktionieren, aber warum nicht vierteljährlich?

Gott führt übrigens manchmal auf lustige Art und Weise. Nachdem ich dieses Kapitel bis hierher geschrieben hatte, las ich noch einmal Leo Biggers Beitrag. Dabei fiel mir besonders der Zwänzger auf. Ich telefonierte mit Detlef Kühlein, *Teaching Pastor* bei icf-zürich, und fragte ihn nach ihrem Umgang mit diesen unterschiedlichen Gottesdiensten. Tatsächlich ist ihre Praxis dem oben beschriebenen Modell sehr ähnlich. Der *Zwänzger* ist ein Gottesdienst, der sich primär auf die Zwanzig- bis Fünfundzwanzigjährigen ausrichtet. Was ihn aber zum Beispiel von der Kinderarbeit unterscheidet, ist die Tatsache, dass Leute nicht zwingend aus dem Zwänzger herauswachsen, um dann Teil der icf-Hauptgottesdienst-Gemeinde zu werden, in Zürich *GenX* genannt. Der Zwänzger wird als eigene Kirche gesehen und hat ein eigenes Leitungsteam. Dennoch ist dieser Zweig nicht losgelöst von icf-zürich, sondern versteht sich als festen Bestandteil der Gesamtgemeinde.

Punktuell versammelt sich die Gemeinde als Ganzes: Alle drei Monate gibt es dort die *Smallgroup-Connection,* bei der sich all die treffen, die irgendwo innerhalb icf-zürich in einer Kleingruppe sind. Zu diesem gruppenübergreifenden Treffen kommen etwa 1 500 Leute zusammen. Sie hören, was in der Gesamtgemeinde passiert und was zum Beispiel in Zukunft geplant ist. *Camps* sind eine weitere Art, die unterschiedlichen Generationen der Gesamtgemeinde zu verbinden. Detlef erzählte mir, dass beim letzten Camp etwa 600 Leute zusammen waren: Leute aus dem Chinderexpress, von Ground Zero, Youthplanet, dem Zwänzger und GenX erleben sich in einer Urlaubssituation als Gesamtgemeinde.

Dazu finden zu größeren Festen wie Weihnachten zwei- bis dreimal im Jahr die *Big Celebrations* statt, die ebenfalls übergreifend sind. Die Gemeinde in Zürich plant zudem die Gründung einer *Latino Church* sowie einer *English Church,* die sich dann ebenfalls in diesen Kreis der einzelnen Gemeinden einreihen werden. Bezeichnend finde ich an diesem icf-Beispiel, dass icf eigentlich bekannt dafür ist, jungen Erwachsenen eine geistliche Heimat zu bieten. Nun sind sie die Ersten, die sich erneut auf eine jüngere „Anfang-20-Generation" einstellen.

Zugegeben: Diese Art, Gemeinde zu denken, ist sicherlich eine große Herausforderung für bestehende Gemeinden, die ihren Hauptgottesdienst weiterhin als das Zentrum der Gemeinde verstehen. Und es ist für mich auch nicht *die* Lösung, aber durchaus ein Weg, den man beschreiten könnte. Denn wenn sich gar nichts ändert, ist das Ergebnis vorprogrammiert: Junge Erwachsene finden kein Gemeindezuhause, noch nicht bekehrte junge Erwachsene werden gar nicht erst erreicht und somit bricht eine ganze Generation weg und im schlimmsten Fall stirbt eine Gemeinde aus.

Da freut es mich umso mehr, wenn ich begeisterte junge Erwachsene treffe, die in einer neugegründeten Gemeinde Vollgas für Jesus geben. Was würde ich also denjenigen raten, die sich in einer bestehenden Gemeinde nicht heimisch fühlen und nach einem Ort suchen, wo sie sich mit voller Hingabe einsetzen können? Wenn du so einer bist, dann sind die folgenden Zeilen für dich:

Wirf vor allem nicht deine Hoffnung und deine Sehnsucht weg! Diese Sehnsucht kommt von Gott. Gottes Herz schlägt für die Verlorenen, auch für die aus deiner Generation! Träume von dieser Gemeinde, die sich ausstreckt zu denen, die Jesus noch nicht kennen. Umgib dich mit Leuten, die in ihrem Herzen denselben Traum haben. Alleine gibt man schnell auf, aber gemeinsam könnt ihr euch gegenseitig anspornen. Besucht Gemeinden, die eurem Traum ähnlich sind. Sprecht mit Leuten, die diese Schritte, die ihr gerade durchmacht, schon hinter sich haben. In diesem Buch habt ihr einige davon kennen gelernt. Lest in dem Buch „Schöpfer der Träume" die Geschichte von „Gewöhnlich", der auszog, seinen Traum zu leben. Und dann schaut, wohin euch Gott führt!

In der Gemeinde bleiben oder etwas Neues starten?

Manche werden nach Wegen innerhalb der Gemeinde suchen. Das ist gut und notwendig, damit diese Generation der jungen Erwachsenen in bestehenden Gemeinden nicht wegbricht. Mein Rat wäre, für diese Veränderung zu beten – viel zu beten. Und dann mit Leuten der Gemeindeleitung darüber zu reden. Mach deine Entscheidungen anschließend davon abhängig, wie die Leute darauf reagieren. Ich sage das, weil ich zu viele frustrierte Leute getroffen habe, die in ihrer Gemeinde nichts verändern durften und deren Traum von Gemeinde – Gottes Traum! – verkümmert ist. Zu viel von Gott verliehene Energie und Power gehen verloren, weil ihnen kein Raum gegeben wird.

Wenn die Gemeindeleitung offen ist und ihr euch auf einen Veränderungsprozess, der Zeit brauchen wird, einstellen könnt, dann gebt alles, um die Gemeinde durch diesen Prozess zu führen. Ohne den Rückhalt der Leitung der Gemeinde allerdings ist das aussichtslos. In diesem Buch sind Wege aufgezeigt, wie solch ein Miteinander möglicherweise aussehen könnte. Wie Veränderungsprozesse gestaltet werden können, dafür bin ich mit Sicherheit der falsche Ratgeber: In mir schlägt ein Gründerherz, daher enthält dieses Buch auch vor allem Geschichten von Gründern.

Aber mein Wunsch und mein Gebet ist genauso, dass auch Leute, die Verantwortung in bestehenden Gemeinden tragen, dieses Buch lesen und den Mut für die notwendigen Veränderungen haben werden, gepaart mit der Weisheit, die dazugehörigen Schritte gut umzusetzen.

Ich bin mir bewusst, dass diese Gedanken primär für den freikirchlichen Raum zutreffen. Von da komme ich und da kenne ich mich recht gut aus. Anne Winter hat in ihrem Beitrag die Herausforderungen der Landeskirchen angerissen. Auch Verantwortlichen in diesen Strukturen wünsche ich Mut, neue Wege zu gehen.

Jesus, führe uns und baue du deine Gemeinde in Deutschland, die von den Pforten der Hölle nicht aufgehalten werden kann!

Literatur zum Weiterlesen

„Schöpfer der Träume" von Bruce Wilkinson (Hänssler, Holgerlingen 2004) ist ein Buch, das ich vielen Leuten empfehle, die einen neuen Kick für ihre Vision brauchen. Auch das Buch: „Go Wild! Schluss mit dem braven Christsein", von Erwin McManus (R. Brockhaus, Witten 2005) motiviert, sich wie Wilde ganz auf Jesus zu verlassen und sich ihm roh und ungeschliffen hinzugeben, um das Abenteuer eines Lebens mit ihm zu erfahren.

Danksagung

Ich möchte denjenigen danken, die mir auf meinem Weg treue Wegbegleiter sind und waren. Zuallererst meiner geliebten Frau Anja, die mit mir so geduldig ist, gerade dann, wenn ich das Neue suche und damit auch immer wieder neu verunsichert bin. Deine Ermutigung in solchen Phasen hilft mir sehr! Ebenso vielen Dank an meine Eltern, die auch dann zu mir stehen, wenn ich ein paar verrückte Wege gehe. Dann will ich denen danken, die in mich investiert haben und mit denen ich unterwegs lernen durfte und darf: Jeff, Neil, Hubertus, Ed, Sam, Brother Thom und Wolfgang. Dann natürlich denen, mit denen ich das Abenteuer der organischen Gründung leben darf: Vanessa, Benny, Annika und Toby. Danke auch an die, die die Reise mit Flanders mitgegangen sind: Es war eine gute Zeit! In diesem Zusammenhang möchte ich auch der Evangelisch-Freikirchlichen Gemeinde Essen- Altendorf danken, die auch jetzt die neue Gründung unterstützt; allen voran vielen Dank an Reiner und Klaus-Georg. Genauso möchte ich den Co-Autoren in diesem Buch danken: Es ist schön, mit euch gemeinsam auf der Reise zu sein! Das, was ihr macht, ermutigt mich und fordert mich heraus. Ich freue mich auf die zukünftigen Gespräche und Erfahrungen!

Und schließlich den *jungen* jungen Wilden, die oft zehn Jahre jünger sind als ich, aber mit nicht weniger starkem Feuer für die Sache Jesu brennen und mich dadurch anspornen: Martin, Gesine, Simon, Sebastian, Helge, Gläser, Serdar und allen anderen IGW-Studenten! Gebt weiter Gas für Jesus! Ihr seid schon heute die nächste Generation von Leitern!

Finally dem, dem alle Ehre gehört: Danke Jesus! Du bist einfach der Beste!

Über den Autor

David Schäfer, geboren 1971, studierte in Hamburg, Elstal und San Francisco Theologie. Als Pastor im Bund Evangelisch-Freikirchlicher Gemeinden arbeitet er als Gemeindegründer, Coach und Autor. Er initiierte mit *Smartexchange* ein Event, das junge Leiter vernetzt. Darüber hinaus ist er Mitbegründer der Online-Auktion *dieZehnGebote.de* und des Instituts für Gemeindebau und Weltmission in Essen. Er lebt mit seiner Frau Anja in Essen.

Der Autor freut sich über Feedback

David Schäfer
Fischweiher 9
45307 Essen
Telefon 02 01/7 60 27 81
E-Mail davidschaefer@gmx.de
www.davidschaefer.de

Jason Boyett
11 Arten ein Ei zu kochen
und andere lebenswichtige Informationen für Twentysomethings
dran:books

Die Geschichte von 24-7 PRAYER
PETE GREIG // DAVE ROBERTS
RED MOON RISING
WENN FREUNDE ANFANGEN ZU TRÄUMEN UND ZU BETEN
DIE GESCHICHTE VON 24-7 PRAYER
Was im September 1999 in einer englischen Kleinstadt anfing – inspiriert durch die Erlebnisse der Herrnhuter Brüdergemeine um Graf Zinzendorf – hat mittlerweile Menschen in über 1.500 Gruppen auf allen Kontinenten erfasst. Quer durch sämtliche Konfessionen, über alle „frommen“ Labels hinweg, beten sie, als ob alles von Gott abhinge und leben sie, als ob alles von ihnen abhinge.
Dieses Buch versucht in Worte zu fassen, was viele von ihnen selbst noch nicht fassen können: Gott hat eingegriffen. Und er verändert. Er verändert unser Bild von ihm und unsere Art zu beten. Er verändert uns und mit uns unsere Welt.
Dieses Buch erzählt davon, was Freunde, die schon lange miteinander geträumt haben, erlebten, als sie anfingen miteinander zu beten. Und das ist erst der Anfang.
Pete Greig/Dave Roberts
Red Moon Rising
272 Seiten, Paperback
Bestell-Nr. 221.067
scm R.Brockhaus

KYLE LAKE
WER DEN ZUG VERPASST, KANN IMMER NOCH FLIEGEN
WIE ICH HERAUSFINDE, WAS GOTT VON MIR WILL
dran:books
Kyle Lake
Wer den Zug verpasst, kann immer noch fliegen
176 Seiten, Paperback
Bestell-Nr. 221.069
scm R.Brockhaus
Die Kunst, Gottes Willen zu leben
Wozu leben wir? Was ist Gottes Plan für unser Leben? Kyle Lake bietet mehr als 08/15-Antworten und starre Formeln. Auf ungewöhnliche und respektlose Art und Weise wendet er sich von 7-Punkte-Programmen herkömmlicher Ratgeber ab und wirft einen völlig neuen Blick auf Gottes Willen. Als Christ in einer alles andere als perfekten Welt zu leben bedeutet auch, Fehler zu machen. Und Gott kann diese Schwächen in Stärken verwandeln. So wird unser Leben zu einem außergewöhnlichen, befreienden, herausfordernden Abenteuer.
Respektlos, frech, revolutionär!
dran:books